有些關係，再善良也不必留

擺爛同事、有毒情人、自私朋友……，不必迎合他人的 26 個練習

南仁淑 著　陳品芳 譯

남인숙의 어른수업

作者序

希望我的回答，能安慰受傷的你

身為一個出版多本著作的作家，我經常收到許多讀者的分享與交流。但由於我專注寫作，讀者通常需要打電話到出版社詢問我的信箱，才能寄問題給我。讀者經歷繁瑣的過程向我傾吐他們的煩惱，而我在回答這些問題的過程中，也獲得了更多的勇氣。於是，我創建了一個名叫「大人成長學校」的網路社群，並設立了煩惱諮詢討論區。我透過 YouTube 影片回答大家提出的問題，至今已有四年。

起初，問題大多與戀愛、未來發展有關。後來我發現，人們真正煩惱的問題，其實是「人際關係」。仔細想想，這並不奇怪。因為戀愛跟職場都是獨立的單一事件，但人際關係幾乎與整個人生息息相關。

這本書收錄了我在成為大人之後，花了些時間才領悟的人際關係解方。書裡的我像是一個家教老師，為徵詢我意見的人提供問題的解法。雖然是回答他們的問題，可是從這些問題裡，也能找到我的影子。

成為大人之後，學習依然是無止境的過程，而過程本身能使人生更美好。就如同一個已不再生長的人，仍會分泌生長荷爾蒙，那些荷爾蒙便是健康與活力的來源。

無論何時開始都好，我們都可以學習並提升自己。即使處境艱難、面對難相處的人等，也依然能有收穫。在受過傷、後悔過之後，傷口會重新癒合，使我們以更加成熟的心態來面對這個世界。這其實是件很棒的事。

希望本書微不足道的內容，能夠潛移默化進入讀者的心中，提供最好的支持與安慰。

南仁淑

目次

Chapter 2 付出真心，卻得不到回應

Chapter 3 有些人，就是該保持距離

Chapter 1

害怕孤單，成為交友上的弱點

Case 1

不擅長交際，導致很孤單

我在商店街做生意，已經在這裡開店很久，但還是沒有任何親近的朋友。聽說有些人只要一天就能跟別人拉近距離，但我即使過了好幾十年，依然是相同的處境，這總讓我覺得難過、空虛。

我很想跟在隔壁開店的妹妹變成朋友，但她很受其他店家的歡迎，不太會關注我。這樣的我也能跟她變成朋友嗎？我希望能讓其他人知道，其實我也能跟人深交，但實在不知道該怎麼做。

建立關係對任何人來說都不容易。有些人就像這位投稿者一樣，特別不擅長建立人際關係，連一些簡單的相處都感到困難。這些人渴望與人建立關係，卻又容易跟其他人疏遠，他們身上都有幾種特定的習慣。

第一點是，他們會「物色」想要來往的對象。

能在日常生活中順利與人維持關係者，通常不會刻意建立關係。他們會選擇能建立關係的場所或聚會，但建立人際關係並不是他們努力的目標。他們會在學校、職場等自身所隸屬的組織或生活環境中，依照自己的角色順其自然地生活，自然而然就會建立關係。但那些不擅長建立人際關係者，則會尋找所謂的「朋友候選人」，只要一找到對象，他們就會專注在實現自己的目標上。我稱呼這些人為「人際關係獵人」。人際關係獵人不熟悉自然建立關係的方式，因此認為這種像在狩獵一樣的關係建立法很正常。但人們通常對這樣的人有戒心，因為這些人在人際關係中展現的態度並不吸引人，所以經常失敗。

如果渴望與他人建立關係卻不順利，那就需要檢視一下自己是否為人際關係獵人。

第二點是比起人，他們更專注於「關係」本身。

投稿的內容當中，有一句話說：「我希望能讓其他人知道，其實我也能跟人深交。」這樣的想法，應該是覺得如果跟隔壁受歡迎的妹妹交好，就能解決人際關係帶來的孤獨，能看出投稿者想擺脫在有限空間裡當獨行俠的渴望。但矛盾的是，這樣的需求卻是人際關係最大的絆腳石。

人們會因為「緣分」而相遇，在共度一段特定的時間、維繫良好關係之後，進而拉近彼此的距離，這是自然的關係發展過程。但那些反其道而行，先明白表現出因為需要人際關係，所以刻意讓自己融入環境中找尋對象，反而會讓人覺得害怕。這樣的人在建立關係的所有階段中，都無法考慮對方的立場。因為他們打從一開始就是為了滿足自己的需求而「找人」，當然很難脫離以自我為中心的想法。

人們直覺地知道，一個人的目的究竟是什麼，也會知道對方為何對自己產生興趣。

「對方只是需要有一個人陪在身邊，就算不是我也沒差。」不光是朋友，從戀人或配偶身上感受到這種情緒時，也會開始覺得對方失去吸引力。

第三點是不關心他人。

渴望關係卻不關心他人，乍看之下有些矛盾。但「不擅長經營人際關係者不關心他人」這點，其實是這個狀態的原因，同時也是結果。就像獵人知道鹿喜歡的食物、經常出沒的地點，並不表示獵人對鹿有興趣。人際關係獵人也一樣，不會真正打從心底去關心「朋友候選人」。

與被人際關係困擾者對話時，常會讓人覺得溝通起來很困難。因為他們對許多事都漠不關心，無論是說話的對象、對其他人，甚至是這世界上大半的事情，都不屬於他們關心的範圍。因此他們沒有能聊天的話題，也無法與人延續對話。此外，他們也無法專注傾聽別人說話。這與是否具備華麗的溝通技巧無關，因為溝通也可以只是關注對方、好好聽對方要說什麼。仔細聆聽、給予適當的反應、適度提問，這樣對話才能延續。**因此無法與人溝通者，大多都困在自己的世界裡，對他人毫不關注。**

人際關係獵人不會與人溝通，只會著重在要如何說出對方喜歡的話、做出對方喜歡的事，以博取他的歡心。他們並不想深入了解對方，只是著急地想讓對方了解自己。他們只希望讓對方知道，自己多渴望這段關係、多希望對方了解自己、有多想盡快拉近彼此的距離。

太刻意反而奇怪，不妨從打招呼開始

不擅長經營人際關係卻渴望建立關係的人，很容易成為人際關係獵人。但其實想要延續一段關係，只需要釋放善意即可。可是人際關係獵人卻會像在狩獵一樣，挑選目標並試著去獲取對方的心。為了得到一段人際關係，他們會投資時間跟心力，但對被當成目標的人來說，卻不太能忍受這種相處模式。

人際關係獵人不是壞人，只是在關係中的某些部分不夠成熟。因為他們預設了錯誤的前提，並想以此為地基在上面蓋房子，所以才總是失敗。這時候只需要讓他們意識到自己的前提是錯的，並讓他們從頭開始就好。只要拋開讓多數人反感的態度，用自己的方式好好生活，這樣一來，維繫人際關係的能力也會持續成長，新的人際關係自然會找上門。

一般人能夠親近彼此的最大原因，在於「物理上的距離」。仔細想想，學生時期跟自己頻繁往來的朋友，都是學期初坐自己前後左右的人，再不然就是住比較近的幾個人。到了大學時期，形影不離的朋友則是新生訓練時同組的組員。我們大多都是從這些一開始就有交集的人當中，找到與自己喜好類似的人，進而深入交往，形成朋友關係。

只是成為大人之後，透過這種強迫接觸的方式交朋友，會變得困難。大人必須主動去人群聚集的地方，試著與人群往來。這種方式讓不擅長經營人際關係者，覺得非常困難又不自在。

這時候，在他人面前「刷臉」（刷存在感）幾乎成了唯一的方法。因為即使兩個人沒什麼交集，但只要經常跟對方打照面，就會自然被對方劃入「認識的人」的範疇中。在被納入這個範疇之前，你必須固定出席聚會，讓他人熟悉自己。試想，如果某天有個人突然冒出來，說想跟你當朋友，這不是會讓人很害怕嗎？但如果對方已經是你熟知的面孔，反而比較會讓人放鬆警戒。從這個階段開始，就能自然與對方建立起友誼。大部分的人都是利用這種方式認識、結交新朋友，不需要執著於尋找與他人拉近距離的方法。

與他人親近最安全、最沒有壓力的方法，其實就是打招呼。簡單的注視或主動問候就夠了。不要只是鼓起一兩次勇氣去跟對方講話，而是要當成一種經年累月的累積，要習慣性地去做這件事。

如果你猶豫是否要跟不知道究竟算不算認識的人打招呼，那就直接去做吧！就算對方不回應，或反應很冷淡也沒關係。因為無論在什麼情況下，打招呼都不是太過分的行為。態度有問題的是不回應的人，所以反應就交給對方，自己只需主動開口就好。

好好打招呼，就能獲得更多在人際關係上的機會，也會改變別人對你的評價。我曾經看過有人用打招呼來解決嚴重的樓層噪音問題，像住在我家樓下的老人家就說，他曾經用打招呼，讓「認識的孩子」不再發出吵鬧的噪音。

如果有人覺得打招呼是一種壓力，覺得是否有必要為了交新朋友做到這個地步，那我也不知道該怎麼說才好。畢竟我們所擁有的事物當中，很多都是「非得做到某個地步」才能得到的東西。

不擅長經營人際關係者，大多也都不熟悉付出。他們若不是吝嗇，就是付出太多且希望對方理解，只是也總是很快失望。他們在關係中總是吝嗇，只有在確定付出能得到足夠回報的關係裡才願意付出，但世上可沒有這種等價的關係。為某人付出，幾經轉折之後，從其他人身上得到好的回應，形成良性循環，才是人生施予的原理。

我常看到很多人說，覺得只有自己單方面付出，始終沒有獲得回報。這些人總因為自己被利用而感到悲傷，但付出程度太大，且能察覺到沒有收穫時，其實是一件很不健康的事。不過度付出，甚至是很快能忘記的付出，才是享受人際關係者的共通點。

我建議這位投稿者，不如常去妳想親近的那位鄰居店裡走走，買點東西如何？刷刷臉、打個招呼，做一些不會產生壓力的付出，都是可以嘗試的方法。

至於一定要避免的方法，就是去模仿擅長社交者。對於擅長經營人際關係者來說，人們總有特定的刻板印象。例如擅長社交的人會主動接觸他人、很會送禮、很幽默……但實際上並不是這樣。其實很多人都是安靜、喜歡獨處，且不太擅長主動與他人攀談。相反地，也有不少人具備了能融入社會的性格，卻不擅長經營人際關係。所以不必為了獲取一段新的人際關係，便刻意擠出勇氣，演出很能融入社會的樣子。善用自身性格的優點，做自己也沒關係，就如前文所說，只要注意幾個要點就好。

如果你猶豫是否要跟不算太熟的人打招呼，那就直接去做吧！就算對方不回應，或反應很冷淡也沒關係。因為無論在什麼情況下，打招呼都不會太過分。

但這裡還有一個最根本的重要條件，那就是要「喜歡人」。因為無論你是什麼個性，要把不喜歡的人事物留在身邊，不是件容易的事。只是很多時候人們不明白，不擅長人際關係者，最大的絆腳石其實是他們並不喜歡人。

由於他們在獨處上感受到困難，因而想找一些能夠相互交流的人。雖然很努力，但這類人基本上並不喜歡與人相處，所以只會把這些努力當成投資。也正因為如此，他們很容易反覆拚盡全力後，立刻放棄。

若想好好經營人際關係，要先對人或世界持有善意。你必須先走進那條河才行。

不擅長經營人際關係者，該如何建立一段關係？

❶ 經常「刷臉」，進入對方的熟人範圍。

❷ 無論對方是否回應，都要成為善於打招呼的人。

❸ 待人要親切和善。

❹ 不要勉強自己模仿社交能力好的人。

Case 2

總覺得自己在單方面付出

我是一名家庭主婦，社區裡有個跟我同年的媽媽，我花了好幾個月想跟她打好關係。今天看到她主動關心別人，而不是關心我，讓我覺得有些心煩，所以才來這裡傾吐煩惱。過去每一次都是我主動聯絡、主動送禮給她，我相信她原本的個性就是這樣，所以並沒有多計較。可是今天我看到她跟別人相處的樣子，才知道她對別人跟對我很不一樣。

我總是這樣。對別人好、對別人付出真心，卻無法得到同等的回報。是因為我不值得被愛才這樣嗎？我總覺得自責，也對人際關係產生懷疑。對我來說，這就是一段只要我放手就會結束的關係。我

的人生真的需要這些關係嗎？我會不會是無法透過人類獲得幸福的人呢？

在人際關係裡，有些人經常覺得只有自己單方面付出，始終無法獲得回報。這些人都有個共通點，那就是只會從自己的觀點去看待「為對方付出」這件事。他們總認為對他人付出，就一定是為對方好。但為他人付出時，首先必須思考，對方真的想要這些付出嗎？如果你的付出他並不想要，以對方的立場來說，就不是接受你的好，反而有可能更糟糕。

很久以前，某個外國邪教團體在募款時，曾經使用過這樣的方法：隨機送一朵花給路人。這是個不會讓人有壓力，又能使人心情愉快的禮物，所以人們都欣然收下了。但是路人的好心情並未維持太久，因為邪教團體立刻開口要收到花者，捐錢給團體。聽到這裡，你或許會覺得大多數人都會因為自己被騙而心生不快，但其實這個方法意外有效。收到花後願意捐款的機率，明顯比單純被勸募高。

對於這個現象，心理學家如此說明：無論在什麼情況下，人們都會因為從他人那裡得到東西而產生一種虧欠感。所以如果提供物品者提出要求，人們有很高的機率會答應。邪教團體就是利用人類這樣的心理來募款。難道為了動搖他人的心，就要一直付出嗎？

事實上，那些收下花並被強迫捐獻者，未來不太可能再去接觸該團體。雖然是因為覺得虧欠對方，所以心不甘情不願地接受請託，但這種事只會發生一次，下一次在路上遇見送花者，他們絕對會繞道避開。無條件付出並影響對方的想法，跟獲取好感是截然不同的事。如果只想透過「付出」來獲得好感，豈不是把人類看得太簡單了？

最讓人意外的是，其實友情並不需要證明。在文學作品或媒體中，我們經常會看到因為製造感動的驚喜，而擄獲人心。我們會以為那樣才叫做友情，但其實人際關係並非如此。例如，我們不需要為了證明友情，而勉強自己拿出存款給朋友，讓他去繳大學註冊費，也不用為了朋友而跟家人疏遠。

之前我曾經聽說當在國外留學的朋友生病時，有些人會特地跟公司請假，到國外去探望對方。得知這件事的人，都說兩人是真正的朋友，也非常羨慕他們的交情。但過沒多久便又聽說，兩人已經不再聯絡。為了探病而特地飛到國外的當事人，似乎是跟這位生病的友人之間發生了一些不愉快的事，覺得很受傷。

由此可見，那些讓朋友大受感動的友情，其實大多不長久。**因為當人們意識到自己付出了許多，卻始終沒能得到回報時，心裡便會覺得受傷，進而使這段關係遭到扭曲。**

在人際關係裡，「犧牲」是只有非常成熟的人才能具備的美德。這些人即使為他人承受一些損失，也能在事過境遷後立刻遺忘，如此這份犧牲才不會成為彼此間的負擔。

人際關係不是一種成就，而是一種狀態。因此人際關係不是努力的對象，必須是要為了自己。不要期待為對方做什麼，他就會跟自己交好，應該要讓自己成為更好的人，待在對方身旁就好。

在任何一種人際關係裡，情感都不可能是公平的，一定會有某一方更喜歡另外一方，有時候更會完全傾向其中一邊。這並不是因為人本身沒有足夠的價值或不夠努力，而是人心本就如此，不會因為某一方對另外一方更好、給予更多好東西就改變。所以這種講究情緒的關係，通常是合得來就相處在一起，隨著緣分而越走越近。因此，毫無保留為他人付出者並沒有錯，無法給予相應回報的人也沒有錯。錯的是不明白這一點，而單方面埋怨他人者。

那總是接受他人好處者，又是怎樣的人呢？其實這種人只是看起來像是「單方面接受他人好意」，並不是真的都沒有付出。他們不會主動送禮，但只要得知對方的需求，自然會願意幫忙，而且他們會立刻忘記這些付出，只專注於自己的生活。這樣的人不會執著於付出的程度，所以看起來像是沒有付出，只是單方面接受。

認為「都是我單方面付出，卻沒得到任何回報」者，其所尋找的答案就在這個前提裡。既然會說出這種話，就表示已把自己的付出記在心裡。即使他們嘴上說不是為了獲得回報而付出，卻還是隱約有所期待，這種期待正是危害關係的主因。

之前我曾經跟一個朋友在飯店的洗手間裡照鏡子。看見我擦護手霜，朋友說：「咦？妳跟我用一樣的護手霜耶？」她似乎以為這種巧合是天意，或是兩人有共同喜好時才會發生。而我回答她：「這是妳給我的啊。」這種付出後就忘記的人，充滿魅力，只是這也與他們那不夠厲害的記憶力有相當微妙的關係。

其實，只要有渴望付出的真心就夠了。一個人若總是對付出錙銖必較，並不好看。如果覺得自己做不到不求回報，那就設下底線，別讓自己的付出超過底線太多。當他人缺一個銅板，而你無法不求回報的提供協助時，那首先要做的，就是讓自己成為一個心胸更寬大的人。

在付出時該考慮的事

❶ 想想這些付出是否為對方需要的。
❷ 不要期待能藉此得到對方的心。
❸ 付出後就忘記，不要想太多。

Case 3

感覺自己很無趣，交友圈很小

前陣子我的親妹妹說我這個人很無趣，就算有聚會也不會找我參加。這話讓我大受衝擊，更難過的是，我自己也知道這是事實。

我的個性很死板又怕生，因為覺得自己實在太孤僻，所以也想多跟人來往，但我也知道自己很無趣。參加聚會或聯誼時，我總覺得自己很沒存在感。看到那些講話幽默，能炒熱氣氛的人，我總是很羨慕。我只要跟人面對面，就會不知道該說什麼。我覺得自己的交友圈很小、無法跟異性來往，都是因為很無趣的緣故，這該怎麼辦才好？

我想要練習讓自己講話更幽默些，或是背一些有趣的話來備用，這樣會不會想得太簡單了？

首先，希望你可以想想什麼叫做幽默。幽默是來自於從容的態度。一個人如果總是畏首畏尾，就算跟幽默的人講同樣一句話，也不會讓人覺得有趣。一個人要想逗大家笑，必須要在心理上覺得自己有優勢、有自信。這也是為什麼古時候的社會，會允許戲子開一些低級玩笑來逗貴族開心。身分低微的戲子在演出時，內心充滿「我在搞笑這方面可比你們貴族要厲害多了」的自信。所以像投稿者這樣，覺得自己很渺小卻還想努力逗笑別人，是不可行的。

還有，在這裡我也想問一個問題：「有趣難道就是搞笑嗎？」

我認識的人當中，有位說話非常有趣的人。他很會講話又有幽默感，無論在什麼樣的聚會上都很受歡迎。曾經，他跟心儀的女性有段「曖昧」的關係，但因為關係發展不如預期，讓他非常煩惱。我很好奇究竟是發生什麼問題，便仔細聽他說明，才終於明白他每次戀愛都失敗的理由。

我發現，他每一次跟女生碰面，都在想要怎麼樣才能讓對方覺得有趣。他還說每次見面都要講笑話來逗笑女方，讓他覺得很疲憊。

我覺得跟他來往的女性也實在辛苦，畢竟面前的人這麼努力想逗笑自己，也逼得女方和他相處時，必須努力給出回應，這樣有多辛苦啊？即便是真的很好笑所以一直笑，但分開之後也一定會覺得很累。幽默與一般的對話不同，接收到對方的幽默感後，也必須要做出反應。因此一再重複我幽默、你給反應的循環時，只會讓人很有壓力。我私下跟以說話幽默風趣而聞名的名人見面時，經常會覺得這些人私底下很無聊。連專家都做不到一直保持幽默風趣，要一般人做到真是有點強人所難。

人跟人見面時所感受到的樂趣，並不僅止於幽默的範圍。所謂的樂趣，是來自於對神經造成許多不同類型的刺激，而刺激的型態有很多種。例如在視覺上帶來衝擊的美貌，就會讓人感到很有趣。如果對面坐了一個絕世大美男、大美女，無論他／她說什麼都不會覺得無聊。但無論是怎樣的刺激，只要重複太多次，也會讓人的承受度逐漸提高。所以如果對方能帶給你的刺激僅僅只有美貌，見面的樂趣很快就會消失。能持續帶給他人樂趣，並不是指來自幽默、美貌這種單一元素形成的刺激。

其實「人」才是最具刺激性的存在。因為人的個性很立體，不像電腦程式一樣，輸入特定數值就能獲得預期的反應。如果想把對方給予的刺激看成一種「樂趣」，而不是當成壓力，那會需要幾個條件。

想讓人親近的人，通常很擅長傾聽

這有別於許多人的認知，比起能言善道，擅長傾聽反而讓人感到更有趣。

我們之中，許多人都是為了滿足自己說話的欲望而跟人碰面。在這個前提之下，人們之間便形成了不成文的默契——講了多少話，就要聽別人說多少話。但偶爾也會有些人沒能認知到這個規則，只顧著說自己想說的話。這樣的人可以分成兩種，即權力型與冷漠型。

人在登上握有權勢的位置後，就可以獨占說話的機會，這就是權力型的人。歷來說話的權力，本就是掌握在位高權重的人手上，這也是為什麼聚餐時大家會特別關注「部長在搞笑」。因為有了權力而長時間處在有人聽自己說話的環境之下，便不會覺得自己有必要去聽別人講話。有些人逐漸習慣這樣的溝通方式，當他們失去手中的權力時，聽其說話的人也就跟著消失了。

至於冷漠型的人，不僅是在見面時自說自話，也包括假裝在聽，實際上根本沒有認真聽。聆聽、理解他人的話，消耗的能量其實比說話還多。但冷漠型的人由於不願意消耗能量，所以才選擇關上耳朵。

比起說話有趣，人們更能從「津津有味聽自己說話」的人身上獲得樂趣。人與人之間產生共鳴時的悸動感，不僅比幽默或美貌持久，也更能帶來多變的刺激。

但聆聽也需要練習，不只是閉上嘴巴聽對方說話，不時點點頭而已。最理想的方式是，要能理解對方講話的重點，並從中找出有趣的地方加以發揮。如果你已經努力過，但還是無法專注，那就試著去聽幾次演講，並練習用文字整理重點，就會有明顯的改善。這是專業口譯員練習時使用的方法。只要養成善於聆聽的習慣，不僅對人際關係，對自己也會有好處。當你有了吸收資訊的能力，生活會變得更有效率，人生會變得更有趣，也能更加享受工作。

如果你覺得普通人講的話都差不多，聽別人講話是在浪費時間，那你永遠不會成為一個有趣的人。

與人對話時，如果懂得編輯自己說的話，就會成為一個更有趣的人。那些說話冗長又不太擅長收尾者，容易讓人感到厭倦。有些人赴約遲到，為了解釋遲到的原因，會從十年前兩人剛認識時的事情講起。花了很多時間聽他說話，最後卻發現對方只是想說「因為接了一個電話而遲到」。偶爾一兩次還沒關係，但有些人很習慣使用這種說話方式，真的會讓人很不想跟他們搭話。

我也認識一些有這種習慣的人。每次有事要找這個人，不得不跟對方通電話時，我總是刻意不去問他的近況。如果是為了破冰，問對方之前提過的煩惱後來如何解決時，他就會像是抓到了抱怨的機會，一股腦地把所有相關的事從頭到尾講一遍。如果用電視節目來比喻，跟這個人的對話就像在看節目的原始素材，而不是剪接過的版本。一般來說，電視節目為了順利播出，實際拍攝的素材長度大約都是節目長度的十倍。工作人員必須將依照時間順序拍攝的日常畫面，配合主題進行挑選、刪減和編輯，才能完成不無聊且能順利看完的作品。而擅長溝通的人在現實中，會懂得配合不同對象，從無數內容中挑出合適的部分來當聊天話題。

如果無法理解什麼叫做「編輯自己要說的話」，那就提醒自己，**說話時先把最重要的話講完**。如果發現對方的反應不錯，就可更仔細地說明。例如對方問：「最近過得如何？」你不需要思考這個「最近」是從什麼時候開始，不必覺得兩人上次見面是去年秋天，就該從那時的事依序講起。你只需回答：「最近開始寫新書，每天都很忙。」適當回應就好。

其實編輯話語的技術並沒有特別困難，光是能站在對方的立場，挑選其聽起來舒服的話去說，就能讓溝通技巧變好。

簡言之，能讓人感到有趣的人，就是能「讓人覺得好奇」的人。跟那些不自私且能讓人好奇的人相處，真的非常有趣。這裡的好奇，與所謂「身家調查」式的深入挖掘情報不太一樣。在對話過程中會把人分等級，只為了跟自己做比較而特別專心聽取某些情報的人，反而容易成為他人警戒的對象。能用不同角度看待世界、對世界感到好奇的人，才真正讓人感到有趣。

如果一個人跟人見面，卻不知道該說什麼，其實就表示這個人沒有好奇心。他們對跟自己說話的人不感興趣，也對這個世界不感興趣。既然沒有興趣，也就無法從對話中找到能分享的話題。這與超脫世事又完全不同。所謂的超脫，是知曉一切並立於一切之上。但我所說的，是一開始就對他人沒興趣，所以什麼都不懂。這些人最大的問題就是，對自己也絲毫不感興趣。對自我的認識必須要夠明確，才會逐漸擴大感興趣的範圍，視野也會更開闊。

詩人羅泰柱的作品〈草花〉裡，有一句非常有名的詩句：「仔細看才覺得美麗。長久看才覺可愛。你也是如此。」

這是一種高度的隱喻。如詩句所說，**所有的存在都必須仔細看才能發現其價值**。如果太懶散，自然無法以好奇的態度來觀察世間萬物，便很難發現許多事物的可愛之處。這也是為什麼對人、對世界抱持好意或感到好奇的人，他們的觀點總會令人覺得有趣。

以情報力、財力或社會地位等維持自己對他人的用處，確實能在某種程度上維繫人際關係。但如果能夠保有魅力，讓人覺得在任何情況下跟你碰面都很有趣，就能為人際關係打下更堅實的情緒基礎。

如何成為有趣的人？

❶ 對話時要善於傾聽。
❷ 懂得編輯自己想說的話。
❸ 要對世界感到好奇，觀點才會有趣。

Case 4

內向膽小，該如何拓展人脈？

我是一名三十歲出頭的上班族。之前準備了幾年考試，但後來放棄了，因此雖然已經這個年紀，職場經歷還是有些不足。我一直覺得，以我這樣的經歷和資歷，光是能找到工作就謝天謝地了。可是前陣子我發現，當時跟我一起準備考試的朋友，居然找到條件比我更好的公司。我心想，可能他原本就會考上，只是因為放棄了考試，所以運氣就用在找工作上了吧！但後來才知道，那間公司是朋友軍中同梯的家人所開的公司。朋友的個性比較善於社交，所以很會利用人脈。

出社會之後我發現，人脈比想像中還重要，這也讓我感到絕望。我很內向又膽小，客觀來看並沒有什麼優點。當大家都成群結隊時，

是否像我這樣的人，比較不容易建立人脈呢？如果有方法，那會是什麼呢？

這位投稿人才剛滿三十歲不久，成長在逐漸強調個體特性的世代中，所以至今從不曾感受到人脈的重要性，因此朋友利用人脈找到好工作的事，讓他受到打擊。其實無論是哪個世代，人脈一直都很重要。**畢竟所有的機會，最終都是來自於「人」。**

建立好人脈的簡單方法，就是出生在上流階層。無論是怎樣的社會，頂級階層留給孩子的真正遺產大多是人脈，不見得是金錢。但你也不用因為這樣，就乾脆放棄建立人脈的機會。

我認為人生中那些像禮物一樣的機會，都由神所掌管。但能通往機會的方法，永遠掌握在人手上。當路越多條、越是開放，機會就越容易接觸到自己，這是當然的。我也見過很多人疏忽了這一點，導致人生路走得比較艱辛，甚至錯過幾乎到手的機會。

藝術家與科學家往往不擅長社交，因此我們常以為這些人之所以出名，都是自然而然的事。但其實只要讀過各領域天才的傳記或相關的小故事，就會知道他們大多善於運用人脈。跟他們生活在相同時代的人，有許多是雖然有豐功偉業，卻因為沒有人脈而默默消失的天才。即便是那些死後才出名的人，也大多是後代中有人偶然發現其價值，經過努力後才讓他們終於被世界看見。這可說是超越時代的人脈連結。

即便是像我這樣，整天窩在家裡寫作的作家也不例外。正是多虧有幾位貴人看出我的潛力，讓我能踏入出版界，我才幸運地能吃這行飯這麼久。其實還有許多作家，雖有能力寫出好文章，卻始終沒辦法出版一本屬於自己的書。

那麼，那些足以被稱為貴人的人脈，究竟該如何建立？

有句話叫：「你揮鏟的地方，最終將成為你的土地。」我很喜歡這句話。它把象徵無意義、白費力氣的「揮鏟」（編按：韓文的「揮舞鏟子」，也有白費力氣的意思），賦予新的解釋，讓人意識到那些沒有成績的事情，終究會成為寶貴的經驗。

我也曾在自己的土地上拚命揮汗如雨，努力到最後，才終於遇見能成就我的新緣分。所以即使努力無法立刻獲得成果，但只要前進的方向跟自己所想的一致，當你抵達探險的目的地，肯定就能遇見那段緣分。說來說去，就是要「動起來」才能建立人脈。請參考接下來分享的方法，以更開放的心態去接觸他人，就能依自己的需求建立人脈。

首先，如果你是想為了建立人脈而刻意跟人來往，希望你能調整自己的心態。由於我們不會掌握所有人際關係實際上的運作狀況，因此人大多不會透露自己對人事物的真實想法。但只要仔細了解，就會發現每個人心裡都有屬於自己的一把尺，有些人即使前進的速度不同，卻擁有相同的價值準則。所以當一個人把別人當成工具時，這種心態很容易會被看穿。再加上如果沒有足夠的經驗去隱藏這種心態，就很有可能一開始便被排除在關係的連結之外。

我認識一位企業執行長，他的公司一開始從事製造業，後來轉型成為跨國投資公司。他有經營公司的能力，且能讓人對他很有好感。我每次跟他見面都很愉快，也能感覺他不自私的魅力。後來我才知道，除了自家公司辦的募資活動，他也常接到高達數十億、數百億的投資提案。他說自己其實沒有這方面的能力，真不知道為什麼會有這麼多人想投資他。其實許多有錢人坐擁龐大資產，並將部分所得拿去做高風險的投資。這些錢投資出去後，有錢人便會把這些資產當作不存在，不會去計較得失。而投資在這位執行長身上的錢，就屬於這一類的投資。

「這個人的能力經過一定程度的檢驗，而且我也喜歡他。」光憑這點，就足以成為別人投資他的理由。而他的這種人格魅力，是由於不計較利益，懂得真心待人所致。

奇怪的是，我們通常都是在值得繼續深入來往的人身上，才能找到這樣的特質。一個人之所以值得深入來往，並不是因為他的社會地位或資產多寡等膚淺因素，而是其在某些部分有值得學習之處。只要能跟值得尊重的人來往並持續維繫關係，便能夠不計較利害關係，真心待人。

想建立人脈，得先讓自己變得有價值

我認識一位很擅長建立人脈的人，就算只見過一兩次面，他也能很快跟對方成為朋友。除此之外，他也具備將人脈與商業機會連結的才能。有一次我偶然看到他一開始很溫柔地跟別人說話，但等對方的視線離開自己，他的表情瞬間就變了。剛才還帶著甜蜜微笑，下一秒竟惡狠狠地瞪著對方。親眼目睹這一瞬間的轉變，真是令人害怕。

當下，我第一個念頭是：「對那個人來說，活著也許就像地獄。」

事實上，最令人痛苦的精神狀態就是認知不協調。所謂的認知不協調，指的是自己該做的行為或表現，和想法或情緒處在不同狀態。根據實驗，人不可能寫下「我心情很好」，心裡卻覺得很憂鬱，因為這兩者是矛盾的狀態，而人無法適應內在的不一致與矛盾。但一個人即便如此，若還處於認知不協調的狀態下，就會產生沉重的壓力。日常生活裡討厭一個人，卻還是要逼自己假裝喜歡對方，就表示這個人其實活在地獄裡。就算獲得人脈，但心像在地獄，這樣的人生還有什麼價值？

第二個重要的方法就是經常出席聚會。我們經常以為要具備善於社交的性格才能建立人脈，但我認識的人脈王，個性大多比較文靜，並非都善於社交。確實，充斥陌生人的聚會大多讓人有壓力，但如果能抱持著「不如見一次面看看」的態度與他人來往，就有機會建立人脈。不論多怕生、安靜的人，只要融入人群中，一定也能找到和對方的共通點或興趣。跟旁邊的人聊一兩句、交換名片；跟見過兩三次面的人熟悉彼此，對方就會逐漸成為你的人脈。

我的朋友有不少人過去是我的書迷。不過並不是因為他們是我的書迷，主動靠近我之後，我們就變成朋友。我跟他們大多是經過一段時間的接觸，或是經過他人介紹後逐漸熟悉，進而自然變成朋友。其實，和不認識的人建立人際關係非常危險。因為當陌生人越主動，我們越退縮。可是只要經常見到某些人的臉，我們便會自然覺得對方是「安全的」。所謂的人脈，通常都是以這種方式建立。

有些人在體會過人脈的威力後，便會把人當作資產，產生貪念和獨占欲。這些人會把人當成錢，把人脈如同金錢般累積。就像花錢一樣，他們對取用人脈非常敏感。他們會經由介紹，把「屬於我的人」湊在一起，卻不喜歡經由自己介紹而認識的人，在私下變成朋友。**如果人際關係像金錢，那我們更該知道，讓人際關係流動是一種責任。**既然認識有能力的人，就把這個人介紹給其他有需要的人，藉由這種方式讓人脈流動，自己也能持續認識好人。如果對人脈有太多貪念，便會經常發生付出許多努力，最後只有自己受傷的問題。

當然，對於在人際關係裡成為媒介的那個人，我們還是必須維持最低限度的禮儀。因為一旦接受他人的介紹，事情就不再只是兩人之間的問題，介紹人面對事情的心態也會不同。因為在介紹時，會賭上自己的信用，且需要承受風險。所以若想跟經由介紹而認識的人私下見面，一開始最好先告知介紹人，表示跟對方約了見面，並取得介紹人的諒解。一般人都能諒解，但那些喜歡蒐集人脈的人，即使雙方做到應有的禮儀，仍無法容忍經由自己介紹而認識的兩人，私下成為朋友。

無論是金錢還是人脈，很容易因為執著，使彼此疏遠。

幾年前我開始經營自己的書迷社群，但其實我是從他人手上接過這個剛經營的社群，於是直接把原本的名稱改成「大人成長學校」。由於我沒有經營社群的經驗，不知該從何下手，便向有經營大型社群經驗的朋友尋求建議。他給我的第一個意見是「創造一個讓大家願意來社群的理由」。我記得我花了很多時間反覆思考這句話，因為我從來沒有好好想過，人們為什麼非來這裡不可？

渴望人脈的人，大多只在乎「連結」本身。但我覺得如果沒有理由必須跟對方來往，連結本身就沒有意義。因為如果只是單純的見面來往，很難發展成人脈，所以我認為如果想獲得人脈，首先必須對自我有興趣，讓自己成為有交往價值的人。當你成為一個旁人認為「必須來往」的對象後，就能輕鬆建立人脈。

我知道這些話聽起來或許有些矛盾，有些人可能會問：「明明是為了成功才要建立人脈，但按妳的意思，如果想建立人脈不就得先成功？」這話說得沒錯，但其實我們對別人的期待比想像中還多。那些期待並不只限於外在的成功，也包括深入對談、對某個領域非常關注且握有許多情報、有一些傻氣的地方而顯得有些搞笑、對人生的態度很酷，或是很值得仿效、在特殊領域工作、為人正面積極，見面時會讓人心情很好等。人們會願意撥出寶貴時間與他人見面的理由非常多樣，意外的是，這些理由中往往沒有「金錢」。

貧困或許會成為建立人際關係的障礙，但財力並不是想讓人深入交往的理由。仔細想想，他人的財富其實對自己並沒有什麼好處。如果一個人無法讓自己的財富衍生為情報、人脈等其他具體的利益，其他人也不會單純因為對方有錢而想跟他來往。

只要你有屬於自己的明確想法，在你有具體的成果前，就會有許多人想跟你認識。人脈與個人優點就是這樣相互影響，以階梯式的方式成長。

只要努力對那些會研究自己、找出自身優點的人更溫柔些，就能抓住建立人脈的機會。

如何擁有豐沛的人脈？

❶ 認識值得學習的對象，和他成為朋友後，要用真心跟對方來往。
❷ 經常參加能跟他人交流的聚會。
❸ 不要太貪求人脈，順其自然。
❹ 創造讓人們想認識「你」的理由。

Case 5

找不到能聊的話題，很苦惱

最近我主要聊天的對象，是住在我家附近的公司同事。我跟他幾乎每天都一起吃飯聊天，結果聊天的內容就越來越偏了。沒什麼跟個人生活有關的內容，經常在講其他人的事。但就連那些對話都在抱怨，聊完之後總會覺得心情不好。

我想要改變話題，不再聊其他人或負面的事，結果後來就沒什麼能聊了。和別人相處時，要聊些什麼才好？有些人交到比較親近的朋友後，就有源源不絕的話題能聊，真是讓人覺得神奇。

人們大部分都喜歡跟相處起來自在的人，進行溫馨融洽的對話，但其實這只是一種對人際關係的浪漫想像。實際與人相處時，我們大多時候都無話可說，只會覺得尷尬。沒有合適的話題，經過幾段不切實際的對話後，分開時往往會讓人覺得浪費時間，並對這段關係產生懷疑。但人與人之間的相處，真的只著重於獲取重要資訊、重大領悟，或有趣到能捧腹大笑時才有意義嗎？

我認為跟人相處、對話，已經是一種讓心靈散步的運動。在日常生活中，散步並不是一種有明顯效果的「正規」運動。散步既不能提升體力，更沒有瘦身或鍛鍊肌力的效果，甚至讓人覺得與其出門一小時，還不如躺在沙發上滑手機來得有趣、有意義。但散步的力量，會在不能運動時發揮威力。

我的個性比較靜，體力也不好，因此不怎麼喜歡動。埋首於寫作的時期，我曾好幾個星期待在家裡，不外出已是家常便飯。休息時，我甚至會一整天躺在床上。這樣過了好長一段時間，我也付出了一些代價，實在是令人不願回想。當時我體弱多病，多到無法只說是「一兩種小病」的程度。在生病之後，要回歸日常生活則花費更長的時間。恢復過程中，最有幫助的就是散步。

與人見面、交流，乍看之下很疲憊、沒有意義，但若是太久沒有交流，情緒也會產生副作用，因此與人交流本身就很有意義。如果與他人見面時沒有話題可聊，那你需要思考的是，對話的結果或品質是否讓你很有壓力。

在稚氣未脫的大學時期，我堅信跟朋友聊天一定要有意義。當時大學裡都還認為學生應該背負一些政治責任，因此政治、社會、文化、電影等經常成為討論話題。我記得那時曾聽到其他群的朋友在聊化妝品、異性跟明星的事情，這讓我覺得非常失望。話雖如此，現在我跟朋友們見面時，聊的話題要比那時更令人失望。經歷過許多人生階段後，回頭看才發現，所謂的朋友原本就是碰面時會聊些無聊事的關係。

前陣子我注意到某社群行銷公司公開了一份報告，內容是人們用通訊軟體聊天時，最常使用的表情符號搜索排名。報告的名稱立刻引起了我的關注，看完詳細報導後，我忍不住笑了出來。二十多歲的人最常用的詞是「屎」，從這點可以看出，在所有世代當中，最常與朋友交流的二十到二十九歲，說話真的是百無禁忌。

我這樣說的用意是，希望大家能知道，就算是以高效率過日子的成人，也可以在一段輕鬆自在的關係裡，展開舒緩緊繃精神的對話。試著轉換自己的想法，有意義的對話自然會增加。

在更講究形式的會面當中，最能輕鬆延續話題的方法就是「推薦」。例如跟客戶開會時，等待時間必須要聊點輕鬆的話題，這個時候，「我之前住在附近，後面的巷子裡有間很好吃的湯飯店」這類的話題就相當合適。這種情報能給對方實質的幫助，卻又不是太重要，也能喚醒聽者的類似經驗，是能延續對話、讓對話更活絡的好素材。不過這種話題只適合用來「推薦」，如果過度認真誇耀自己握有許多情報或強迫對方接受情報，反而會讓對方很困擾。例如當一個人說自己在考慮是否要去旅行時，如果立刻提供「去馬德里旅行時，一定要去這裡看看」、「美國東部有這樣的文化」等，大量過度炫耀自身經驗的情報，反而會讓人覺得該話題有點多餘了。

做相同的活動，並從中尋找話題

如果想以推薦事物當話題，需要很多不同的體驗，因此人們很容易覺得需要在經濟上有一定能力才能做到這點，但其實並非如此。因為即使是相同的體驗，有人可以吸收內化，有人則會完全不當一回事。例如當有人問超市賣的便宜馬格利酒哪裡好喝時，並不是每個馬格利酒專家都能回答。有些人喝過即忘，有些人能將喝過的酒變成屬於自己的經驗，把那些體驗記在腦海裡。就算是去相同的地方旅行，有些人會抱怨那個國家沒什麼可看的，有些人則能發現屬於該國的魅力。即使經驗與他人相同，但懂得用更充實的方式去理解、發展出個人觀點，很有可能就是有內涵的人。和他們對話時非常有趣，經常會發展出源源不絕的話題。

或者，你也可以和定期見面的人去做一些特別的活動。創造共同話題最簡單的方法，就是一起去做某件事。這也是為什麼會有人說做生意一定要打高爾夫球，因為即使雙方不是無話不談的親近關係，在高爾夫球場上也會有許多話題能聊。

此外，人們在與他人面對面時經常覺得有壓力。**因此比起面對面坐著，坐**

在對角線的位置對話時，反而更輕鬆。但最適合對話的構圖，其實是兩個對話中的人一起看著第三人。例如在開車時，兩個人分別坐在駕駛座與副駕駛座，這樣對話便會自然展開。這種構圖稱為「三角對話法」，從事高爾夫等活動就屬於這一類。

我建議這位投稿者不如試著跟常見面的同事看電影，電影結束後，就能一起討論電影內容、劇情之外的延伸、網友的反應等等。光是這樣的活動，就有很多話題能聊。如果能繼續累積共同經驗，還可以搭配過往的經驗發揮加乘效果，使話題繼續增加。每天一起吃飯也可以規劃成「美味餐廳蒐集之旅」的小活動，讓吃飯變成共同體驗，就會有更多話題。

我也建議可以加入有共同興趣的同好會，與會員做交流。很多人認為這樣的聚會無法發展成更深入的關係，因而感覺沒有意義，我認為這種觀點有些可惜。畢竟有共同興趣的人，本來就能針對該興趣展開對話，光是這樣就很有意義。

還有，在與人對話時，最好也能思考自己好奇對方哪些事情。因為其實人都喜歡講自己的事，只是害怕說錯話造成的影響。因此找出能讓對方安全回答的事情來提問，就能在和樂氣氛下延續對話。但如果想詢問合適的問題，首先必須關心對方，才能從對方的生活中找出適合的內容來提問。因此若一個人在面對面時感覺無話可說，就表示這個人不太關心自己說話的對象。

例如聚餐時，發現對方是素食主義者時，如果只是覺得這樣很麻煩、以後無法跟對方一起吃飯，或覺得對方很難相處，就表示你並不關心這個人。但如果開口詢問對方是基於什麼樣的信念、喜好，讓他決定選擇吃素，結果會怎麼樣呢？我記得自己曾經對吃素的人說：「吃素還是可以吃煎餅配馬格利酒。」然後便以此為引，展開一對非常愉快的對話。

無話可說這件事從宏觀來看，有可能是根本不關心世事的縮影。對自己特別感興趣的人，即使是以自我為中心的單向對話，也絕對不缺話題；對他人感興趣的人，則會透過提問得到話題；對社會感興趣的人，則有許多可提供資訊的話題能聊。**因此擅長對話、話題總是源源不絕的人，其實是充滿好奇心的人。**

對話時，如何找話題？

❶ 朋友間可以聊些沒用的小事。

❷ 找出能向對方推薦的經驗談，打造有內涵的對話。

❸ 跟對方一起做特定活動，發展可聊天的內容。

❹ 談到感興趣的內容時，不妨適度提問。

Case 6

人真的可以完全沒朋友嗎？

我是即將邁入三十歲的上班族。前陣子剛過生日，但並沒有特別會為我過生日的人，這讓我突然開始思考我的人生。細數跟我差不多時間生日的同事，發現他們生日前後都很忙，每天都有約、連開好幾次生日派對、收到好幾十份數位禮券等等，跟我的生日實在很不同。

我身邊沒有一個值得稱得上是朋友的人。由於我是約聘員工，生活不穩定，實在沒有多餘心力去建立、維繫朋友關係。可能是因為我沒有什麼吸引力，所以完全沒朋友。但最近我開始在想，這樣的人生真的沒問題嗎？

一個人雖然輕鬆自在，但也會覺得孤單，讓我覺得是不是該交個男朋友，但這也不是想要就能做到的事。我的人生該怎麼過才好呢？

人際關係的問題，大致上來說都是自我的問題。如果只在當下特定的環境裡，感覺人際關係遭遇困難，便很容易去責怪「讓自己感到不好的他人」。但如果換了環境，同樣的問題依然持續，那就要檢視自己，確認自己是否帶有阻礙關係發展的刻板印象或態度。

那些煩惱自己沒朋友的人，共通點之一就是把朋友當成「靈魂伴侶」。小時候我經常覺得孤單，當時的我也一直這樣想。當時我反覆讀了好幾次〈夢想君子之交〉這首詩，並期待總有一天能找到一個跟自己志同道合的朋友。當時的我，似乎是真的想要有一個能為彼此付出生命的朋友。可能是因為透過文學或社會環境，被灌輸了必須相互扶持，人才能活下去的舊時代價值觀吧！

我曾看過一個很奇妙的民間故事。一名有錢人的兒子花很多錢交了很多朋友，父親不喜歡兒子這樣的行為，於是跟兒子打賭，希望兒子能調查在這些朋友中，哪些是真正的朋友。於是兒子便背著一頭死豬去找朋友，謊稱自己殺了人，希望朋友能幫忙，沒想到所有人都讓他吃了閉門羹。接下來輪到父親上場。父親也套用相同狀況去找朋友，朋友二話不說便讓父親進到家裡。他們打的這個賭讓兒子有很大的領悟，也整理了自己的交友關係。

小時候在讀這個故事時，我也同意這才是真正的友情。但隨著理解人際關係的現實利害衝突後，我才知道要創造這樣的「友情神話」非常困難，竟然必須甘願成為殺人共犯才算真正的友情……。如果只有這樣的關係才能稱得上是朋友，那世上能擁有朋友的人，會不會只剩下地下世界那些熟悉犯罪的人，或是有強迫犧牲傾向的「學者症候群」（編按：指僅在某個很有限的領域有超出常人的表現，卻廣泛地在其他方面有明顯的心智障礙）患者？

如果覺得必須把自己的人生完整公開給對方、跟對方分享自己的每一分每一秒，才能稱為朋友，那花費時間在交情淺的人身上，可能會使你後悔。你可能還會覺得花費在這些人身上的時間、飯錢、酒錢都很可惜。除此之外，你可能會想要求所謂的「好友」，遠離其他過度親密的關係，或打從一開始就抗拒朋友與他人建立關係。

朋友其實就只是「想見面，一起打發時間的人」。在人生中，時間是最重要的資產，而朋友就是你願意在沒有明確的利益之下，依然想跟對方見面、花費時間的對象。你不需要喜歡對方的每一面，你也做不到這點。對方只要有一兩個讓你喜歡的地方，剩下的缺點不要太讓人受不了，這樣就能成為朋友。有別於我們的認知，其實只要靠這種程度的關係，就足以讓人生過得很充實。

像本篇投稿裡提到的同事，雖然很多人會幫他慶生，但可能都只是點頭之交的關係。其中有些人肯定是付出比收到的更多，有些禮物甚至來自那些只有一面之緣的人。透過這種方式建立關係，可能會讓有些人覺得很累。因此如果發現身邊有人過著這樣的生活，只需要當成是對方選擇的人生態度就好，不需要羨慕。

令人意外的是，關係與智能有密切的關係。但這裡所說的智能，並不是我們一般認知的智商，而是必須從多元智能的角度來理解。多元智能是哈佛教授暨心理學家霍華德・加德納所主張的概念，是從「肢體動覺智能」、「語言智能」、「人際關係智能」、「邏輯數理智能」、「自省智能」等多個範疇，來區分人類智能的方法。

如字面意義所述，運動選手的「肢體動覺智能」較高，而作家或播音員則通常有較高的「語言智能」。如果希望增進人際關係，「人際關係智能」的分數較高會比較有利。但這裡還有一點必須先說明，那就是在自己的領域獲得成功者，都是在同一個領域內有較高的智能，無一例外。這個領域就是「自我理解智能」，或稱「自省智能」。

自我理解智能是能精準認知自我，並調整人生計畫的能力。如果沒有這項能力，無論其他智能再高，都無法好好發揮。同樣地，即使是人際關係智能高，可在人際關係中發揮魅力，但理解自我、調整自我的能力不足，也難以建立良好的人際關係。所以若覺得建立人際關係有困難，與其學習花俏的人際關係技巧，還不如先了解「自己」。無論從人生的哪一個時期開始都不算太晚，就像鍛鍊肌肉一樣，必須持續一輩子提高自我理解能力。這話乍聽之下會讓人感到茫然，竟然要努力一輩子？但從其他角度來看，這其實是充滿希望的一句話。因為這種能力雖是天生的，但在成長環境中也有學習的機會，同時也像肌肉一樣能靠努力鍛鍊出來。

從自己開始改變，才有機會拓展人際

若想提升自我理解的能力，需要經驗與反省。不是兩者擇一，而是兩者必須同時具備。你要習慣無論面對再小的事，都要努力讓自己去體驗，並觀察自己在面對該事件時，會有怎樣的行為和感受。

假設有一名新進員工，他在協助公司進行會計工作時總是犯錯。無論他怎麼努力，都還是重複犯同樣的錯誤。但有一次他協助公司舉辦家庭折扣活動，忙了一整個週末後，他發現自己很擅長且能很自然地銷售與遊說客人。他對數字不敏銳也不夠細心，卻有當業務的資質。後來他便調換職務，開始在工作上發揮自己的長才。

因為他有支援銷售活動的經驗，並且透過該經驗發現自己不是只在「做沒用的雜務」，而是發揮其他的長才，所以才能成長。經驗與自省就是這樣相輔相成，以提升自我理解能力。

雖然我們都以為自己很了解自己，但其實並非如此。腦海中的假設，永遠都只會受自己有限的視野所侷限。親身體驗、學習這個世界，是一件永遠也沒有盡頭的事。

對人際關係的渴望，其實並不等同於渴望他人，所以即使獲得原本不存在的關係，也無法讓你的需求真正得到滿足。從直觀的角度來看，如果你願意讓自己當一個不錯的人，而且很認真生活，自然而然就會獲得人際關係。我們所能刻意努力的部分，就只有讓自己進入能經常與人接觸的環境。**如果你在人際關係上感覺到問題，首先應該回頭檢視自己缺少了什麼，試著改善自己。**

就像前文的建議，透過經驗與自省提升自我理解智能，並實踐從中獲得的領悟。這樣一來，原本堅定的地方會變得更堅定，需要變柔軟的地方也會變柔軟，然後你就能配合自身的需求，享有足夠的人際關係。

煩惱自己沒朋友時，該如何調適？

❶ 降低「朋友」的標準，即使是膚淺的關係也不放棄，要持續與他人交流。

❷ 透過經驗與自省，提高自我理解能力。

❸ 放下對關係的執著，專注在自己身上

Case 7

害怕孤單，常被朋友牽著鼻子走

我覺得我是一個很容易寂寞的人。我總是渴望有人陪伴，但每次見面，我又覺得很不自在。我喜歡的那些人，沒有一個人喜歡我。

以前我也曾跟不知為何變熟的朋友相處得融洽，後來卻因為我的失誤而失去這個朋友，導致現在我都是一個人。我很獨立，但同時也覺得孤單。雖然覺得配合他人的喜好很麻煩，但同時也覺得我有些執著於「維繫人際關係」這件事，究竟該怎麼辦才好？我想好好安撫自己的心，活得輕鬆一點。

就像這位投稿者一樣，我們經常誤會「獨立」跟「人際關係」是對立的兩個概念。其實獨立是指能靠自己的力量對自己負責，並不是指人要像孤島一樣，在人際關係中顯得疏離。有時候我們會誤會一些用詞的意思，例如最近常說的「財富自由」，跟希臘時代犬儒學派哲學家所說的「沒錢也能過得很好」，其實是截然不同的兩件事。**所謂的「從人際關係中獨立」，其實是能配合自己的需求享受人際。**

人類生來就不是能獨居的動物。要想接受這一點，首先必須理解讓人類能以萬物之靈自居的大腦。

雖然身為人類的我們，理所當然地認為自己很了不起、腦袋很好，但其實從進化的觀點來看，在以生存為目的的原始時代，腦袋並不需要這麼好。如同自然界中的其他動物一樣，強壯的肌肉、尖銳的爪子或牙齒、強大的動態視力等才是有用的條件。但在從前食物非常珍稀的時代，每天會消耗人體兩成熱量的大腦，竟能取代那些生存的必要條件，獲得發展，從某個角度來看其實並不自然，甚至可說是非常不符合性價比。但如果想讓這個說法成立，首先我們必須假設人類是一種能獨立生活的物種。

人類透過精巧與複雜的溝通達成合作，這樣遠比「每個人都具備聰明才智」

更有利於生存。因為人類可以擬定戰略來狩獵巨大凶猛的動物，個體所具備的知識也能彼此分享、累積。現在最廣泛被接受的假說，就是人類之所以進化成高智能的生物，目的正是為了社交。

既然我們是為了社交而進化，那大腦自然不會喜歡孤立狀態。仔細深究所謂的幸福，其實是大腦製造各種荷爾蒙讓自己獲得快感的狀態，而這正是在進行有利於生存的行為時，大腦所給出的一種獎勵。這也是為什麼我們的幸福不會維持太久，因為如果只靠單一行為就能讓幸福持續，人就不會想去做其他具生產性的活動。例如有毒癮者，成天就只想吸毒。大腦的獎勵機制被設計成要與其他人共同合作才會啟動，雖然我們因為經常對他人失望，所以覺得一個人才會幸福，但其實很多心理學、腦科學研究都讓我們看見，一個人的生命中絕對不能沒有「他人」。

據說人在讓他人開心時所能感受到的快樂，比自身獲得利益時要高上許多倍。即使不與其他人對話，只是跟陌生人一起待在咖啡廳，也能刺激人類分泌血清素。甚至有研究結果指出，就算是跟不認識的人牽手，也能減輕所感到的痛苦。也有人主張，人之所以如此容易在人際關係中受到傷害，正是因為這件事對生存來說非常重要。人體所感覺到的痛苦，就是為了保護這一部分所發出的強烈訊號。

為了成為一個「自尊感強的人」，讓自己不執著於關係、好好生活，我們所要做的並不是完全跳脫所有人際關係，而是要好好經營關係。越是掙扎想脫離人際關係，反而會使人越渴望，這種內在矛盾會降低生活品質。我們平時必須適度投資能量，讓人際關係維持在一定的水準，才能減少相關的煩惱。一個有尊嚴的人，通常都如何待人呢？

自尊感強的人與他人相處時總是溫柔親切，但沒見面時就不太會去想對方的事。比起事先準備禮物或小驚喜讓對方感動，他們會選擇在相處時表現貼心且專注的一面，讓對方知道「眼前這個人是真心與我相處」。但除了與他人見面的時間之外，自尊感強的人會專注在自我的生活上，不會要求過於頻繁的交流，這樣反而讓人覺得有吸引力。

維持適當距離，才是交友的健康模式

自尊感強的人，不會對人際關係抱持過高的期待。至於極度渴望人際關係的人，身邊大多數的關係都「不夠深刻」。他們嘴巴上雖然說淺淺的友情也不錯，但看其對友情的要求就會知道，其實並非如此。

「我期待的不多，只希望難過時能有個人跟我一起喝酒。」

「希望有難過時能聽我講心事的朋友。」

很多人都會這樣說，但其實這就是要求一種深刻的關係。並不是一定要分享人生的痛苦或內心的故事，才能稱得上是真正的朋友。即使這樣，也不是只有「真正的朋友」才值得你花時間與他相處。很多人都不知道，這種觀念反而會成為人際關係的阻礙。一個自尊感強的人即使在淡薄的人際關係中也能獲得滿足，所以他們不容易有遺憾。例如你在讀書會上認識了一個人，見面時你們會開心地聊跟書有關的事，但分開後也不會特別聯絡。人際關係其實只需要這樣就好，並不會因為你沒在讀書會上找到能相伴終生的朋友，就顯得這件事沒有意義。

面對一段人際關係，一個自尊感強的人會花更多力氣減少失誤，而不是多做一些為對方好的事。我們都以為，對一個人好就是對待人際關係的良好態度，但其實盡可能避免犯錯以傷害對方、讓對方失望才是更重要的。獨處時能好好休息、享受放鬆的狀態，與他人相處時則必須繃緊神經，避免去做不該做的事，這才是正確的態度。

有些人總愛說些不該說的話，有些人則是過於吝嗇，有些人則是因為慣性遲到而惹人生氣，這都會使他們欠下不必要的感情債，進而使人際關係變複雜。**其實一個人越依賴人際關係，就越會藉由給予他人好處來博取對方的歡心。**與此同時，卻又經常傷害對方的情感。既然我們的精力有限，那不如就把精力放在避免犯錯上，反倒是更聰明的經營方式。

那些自尊感強的人最大的特徵之一，就是跟朋友見面後，並不一定會大開話匣子。反倒是那些渴望擁有人際關係的人，和朋友見面時，會一股腦地把想講的話說出來。這種說話方式是他們在人際關係中被孤立的原因，也是結果。因為他們說話時總是不會顧及對方，因而使人們更想疏遠他們。隨著被孤立的時間增加，他們也逐漸遺忘適當的說話方式。至於自尊感強的人，則是話說得不多，但溝通總是很順暢。

從某個角度來看，一個自尊感強的人在人際關係中，仍會著重於專注當下。他們不會執著於過去或未來，而是享受「現在」和自己身邊的人一起度過美好時光。但離開了現在，他們便不會執著，會與他人維持不遠也不近的適當距離。

如何不被人際關係影響，保有自我？

❶ 見面時就好好與對方相處，其他時間則專注在自己身上。
❷ 不執著於深刻的關係。
❸ 與其想著為對方做些什麼，不如努力減少失誤。
❹ 以適當的方式與人溝通。

如果想建立人脈，首先必須關注自己，
成為一個有交往價值的人，這是我認為最重要的部分。
有了需要持續見面的理由，就能輕鬆建立人脈。

Chapter 2

付出真心，卻得不到回應

Case 8

因為原生家庭，對人有疏離感

我家是雙薪家庭，小時候父母就經常把我託給別人照顧，我也常看大人的臉色。我父親疏於照顧家庭，個性又很暴躁，導致母親罹患嚴重的憂鬱症，以至於我身邊沒有任何可以依靠的人。

不知是不是因為這樣，學生時期的我很難跟同學產生連結，直到現在都不太擅長經營人際關係。現在我父母不再像以前那麼忙碌，也會主動跟我交流，但不知為何，我總是想疏遠他們。這似乎是小時候缺愛造成的問題，但我找不到方法解決。感覺似乎該去看看精神科，但我還是想聽聽您的意見。

在諮商心理學中，這是與被稱為「內在小孩」有關的自我問題。據說人在童年時期如果受到嚴重的傷害，受傷的那部分會停止成長。正在閱讀本書的各位，內心負責愛與被愛的部分，很可能停留在七歲，也可能是十一歲，遲遲沒有長大。安撫並釋放這樣的內在小孩，讓自己得以獲得遲來的成長，是件非常困難的事。但無論如何，我們都必須跟內在小孩好好共存。

這裡我不打算借助心理學者或諮商師的觀點，而是想憑藉自己的能力，提供各位一個綜合的觀點。如果你想為了停止成長的自我而努力，首先必須在一個大框架下做選擇。

首先，面對這種情況，人們通常會建議你去做心理諮商。由於這是屬於心理問題，所以先想到心理諮商也很合理。投稿者說自己好像要去看精神科，但其實因為這種問題去看醫生，反而可能會讓自己失望或手忙腳亂。以前醫院裡的精神科，現在已經改名為「精神健康醫學科」†。但這一科的醫生通常不會處理我們的心理問題，其中有些人反而認為用心理學去處理這些問題，是種不科學的方式。如果為了上述問題到醫院就醫，通常醫師會透過藥物進行治療。但疾病需要對症下藥，而心理疾病無法只靠藥物解決。例如憂鬱症藥物，通常最多只能降低兩成的憂鬱感，剩下的八成還是得靠自己尋求解答。若要處理八成的憂鬱感，建議的方法之一就是心理治療。

「試試看心理諮商吧。」遇到這類問題時，我們經常能聽到這樣的建議。但在做心理諮商之前，我們需要先了解諮商究竟是什麼。

回溯到小時候並將問題徹底根除的過程，並不如想像中容易。首先，費用的問題絕對不容忽視。一個小時的諮商費用相當於一整天的薪資，而且不是只做一兩次就能解決，必須要花費好幾年的時間，讓自己在不知不覺間慢慢改變。若不先了解這點就輕易去做心理諮商，很容易認為諮商沒有任何收穫，只是在浪費錢，進而不再接受諮商。

即使在經濟上比較寬裕，也不代表一定能靠諮商解決問題。我們常會以為心理諮商是類似冥想、接受催眠或做SPA等，讓人放鬆心靈的休息過程。有些人對心理諮商的期待，是有人能聆聽自己想說的話、說一些好聽話來讓自己心情舒坦一些。但喚醒內在小孩並使其成長的過程不是這樣，反而更像一場戰爭。因為你必須回到小時候的記憶，面對當時所受到的傷害，這是一件非常痛苦的事。每個人都有不願回想的痛苦記憶或傷痕，但心理治療為了讓當事人活得輕鬆些，會將深埋在底層的痛苦記憶挖出檢視。這個過程會使諮商者非常痛苦，因而使人強烈抗拒，心理師則必須引導諮商者，這會使雙方都很痛苦。所以心理師很可能會與諮商者爭吵，或是相處起來變得尷尬。也許正是因為這樣，心理師不會為熟人做諮商。此外，並非尋求知名心理師的幫助，就如同獲得萬能鑰匙般，使所有問題迎刃而解。除了找到對的心理師，還要有治療的決心、意志，同時也要對諮商有一定程度的理解。

† 在台灣，身心科其實就是精神科，由精神科醫師負責診療，亦可開立藥物治療；由於許多人對「精神科」存有誤解，認為有精神疾病者才需要看精神科，因此不少精神科都改稱「身心科」。

在遇見好的心理師的前提下，心理諮商肯定會有幫助。但正如前文所說，這並不是所有人都能使用的方法。在決定諮商之前，你也可以思考是否有機會靠自己的力量，重建自我。

改變內在小孩，才能找到轉機

人類的心理問題，通常都可追溯到幼年時期的匱乏。在那個時期沒有長大的孩子，會在成為大人的自我裡耍脾氣。如果我們能夠自我覺察到這一點，試著讓自己成長呢？我確實遇過很多人是透過自己的努力，讓內在小孩成長為真正的大人。

那些靠自己的力量而成長者，最大共通點就是，他們清楚認知自己的狀態。認知就是解決問題的起點，因此光是能認知到問題，就等於是成功了一半。

像投稿者這樣有同理能力、溝通和人際關係的煩惱，我建議可以把自己當成孩子，慢慢學習如何做這些事。**如果無法很直觀地理解、體貼他人的心情，那就把自己當成人工智慧，試著在遇到不同的狀況時，輸入答案就好。**

若想讓最頂尖的人工智慧能自動駕駛汽車，其實方法意外簡單，那就是讓人來教導它。讓人工智慧觀看車輛行駛的影像，並告訴它畫面上出現的是「人」、「樹」、「紅色信號燈，要停下來」等，人工智慧就會慢慢累積資料。累積了無數資料後，未來它們就能自行判斷。深入了解就會知道，人工智慧的學習其實跟人類學習新事物的過程相似，沒有太大的差別。

如果你無法與人產生共鳴，那可以試著多閱讀相關書籍，建立屬於自己的人際關係應對手冊，再實際試用手冊裡的方法，並記錄結果。也可以觀察別人如何相處，並試著讓自己熟悉那些方法。經過努力累積經驗後，即使無法讀懂他人的情緒，或無法立刻決定要以怎樣的態度面對他人，也能夠知道應該秉持什麼樣的社交態度。

我認識一名成功的企業家，他小時候沒能得到良好的照顧，成長環境非常艱苦。雖然他靠著才能和努力脫離貧困的環境，但面對一般人的態度卻一直有問題。他無法理解普通人為何不好好努力，為何總是活得那麼辛苦。他總是很無情地逼迫別人要達到他的標準，身邊的人都覺得他自以為是，容易疏遠他。在工作領域裡頗有成就，人際關係卻遭遇困難的他，終於意識到自己的問題，開始檢視自己的態度，也開始努力理解他人。後來每一次他在人際關係上遭遇挫折時，他都會誠心誠意地與對方溝通，針對做錯的部分道歉，並修正自己的態度。長此以往，他逐漸能隨心所欲地與人相處。雖然他依然認為自己的同理能力不好，但這已經不會構成問題。有些人能夠靠著自己的努力，讓自己有顯著的成長，進而改變對人生的態度與遭遇事件的反應。

我說這種話也許會有人感到抗拒，認為這樣的過程是一種虛假的偽裝。但古代希臘的預言作家伊索曾說：「一輩子假裝善良，且終生都沒有被發現，那就是真正的善良。」

不是只有天生善良或從小就備受寵愛者，才能打從心底待人良善，才是真正的好人。**其實我們這一生都在為了成為不錯的人而努力，能夠做到這一點，就是我們口中的成熟大人。**

如何靠自己的力量，使「內在小孩」成長？

❶ 正確認知自己的狀態。

❷ 透過學習與經驗，熟悉社交態度。

❸ 誠心誠意地與他人溝通。

Case 9

好聲好氣說話，卻常被忽視

我是三十多歲的上班族，為人比較不強勢，在人際關係中容易退讓。我聽您說若要有良好的溝通，說話時就要避免傷害別人的感受，但我實在不能認同。因為我就是活生生的例子。平時我要是好聲好氣地說話，大家都會當耳邊風，非得要像生氣一樣擺出強硬態度，別人好像才能聽懂。當然，好聲好氣對大家都好，但說話溫柔容易被忽視，這似乎是人的天性。前陣子我跟廠商溝通工作的事情，對方卻不當一回事，都不照我說的去做，等我打電話過去發飆，他們才立刻把東西做好送過來。

在社會上或人際關係中，如果想在達到溝通目的的同時又不讓自

己蒙受損失，似乎只能要求自己態度強硬一些，這真的讓我覺得很累，也感到很懷疑。

在溝通時擺出憤怒的態度，似乎就能影響對方，使交流更有效。當這種方式生效時，的確會讓人以為這才是有效的溝通。這樣的觀點有部分是正確的，因為人的確更容易記住負面的訊息。但問題是，這樣做真的對自己有好處嗎？

人類看似是講究實用性的理性生物，但其實情感才是驅動人類的強大引擎。當你用強烈的語氣命令他人，會讓對方覺得如果不妥善處理，也許會惹禍上身，因而加快處理的速度。但當你這樣對別人時，很可能會在不知不覺間蒙受損失。

想像我們在百貨公司的櫃位上，一名客人對店員說話的口氣非常不客氣，斤斤計較為何折扣商品無法適用百貨公司聯名卡的額外折扣。但因為實在也沒辦法再多要求店員做什麼，最後只好結帳離開。而在同一櫃位裡挑選商品的另一位客人，則以溫柔的態度和口氣跟店員溝通，並帶著自己挑好的商品去結帳。這時櫃上的店員告訴這位客人，自己每個月都有員工折扣，他決定把這個月的額度送給對方。從結果來看，親切的客人得到折扣，買到的商品反而比口氣差的客人便宜許多。想必那位客人始終深信，多虧了自己這樣嚴厲的態度，才能避免在大多數的情況下蒙受損失。

如果一個人的態度總是粗魯，進而影響他人的情緒，在職場上就會逐漸遭到排擠。相反地，那些人品或實力平庸，職涯卻相對順遂的人當中，說話大多溫柔。好聲好氣但對方不聽，只能發脾氣，這樣的人生該有多辛苦呢？從某個角度來看，如果能維持溫柔的說話方式，又能成功說服對方，肯定是最好的結果。

說話時，如果能明確使用指稱某個特定人物的稱呼，便能讓說出來的話在不知不覺中帶有力量。像是在歐美，就有比較明確的稱謂來稱呼說話對象。他們不會管年紀或在社會上的階級，只要是關係親近的對象，他們會用名字來稱呼彼此。每次看到歐美人士面對不認識的人，只需要簡單稱呼對方女士或先生，我就會很羨慕。因為在韓國，要挑選稱謂是一件相對敏感且複雜的事，這也會使我們容易省略稱謂，只說重點，或是以「不好意思」、「麻煩一下」等不知在叫誰的模糊發語詞，來引起聽者的注意。如果不論任何情況下，都使用這種避免明確稱謂的說話方式，訊息傳達的力度就會下降。就像小時候聽到爸媽連名帶姓地叫我們，我們就會覺得很緊張，就是這樣的道理。

說話時，如果能先以明確的稱謂來稱呼對方，就能讓聽者更專注。如果不知道該如何稱呼對方，那就盡可能以最尊敬、最有自信的態度來跟對方搭話。例如在餐廳裡，不知道對方是員工還是老闆時，一律稱呼「老闆」。至於在醫院，則是稱呼「醫師」最為恰當。在社會上，如果想要以職級來稱呼對方，最好是選擇至今為止職級最高的頭銜。在店面接待顧客時，稱呼對方「客人」是最為恰當的選擇。雖然「老闆」、「阿姨」聽起來像是尊稱，但也有人聽了會覺得不舒服。遇到稍微有點年紀，但身邊沒有帶孩子的人，稱呼「伯父」、「伯母」可能是較失禮的選擇。如果不知道該如何選擇稱謂，也可以先詢問「我該怎麼稱呼您才好」。

如果能以明確的稱謂展開對話，就能讓對方覺得自己必須把你說的話當一回事，說話的內容才能明確傳達出去。

以前我曾接受過書面採訪，內容談到「想提升尊嚴，就必須培養明確表達個人意願的習慣」。相關留言中有許多負面評論，都是在批評我在助長大家用沒禮貌的態度來說話。其中有篇留言提到，我是在助長「沒教養」的說話方式。確實，就像留言所說，在韓國社會裡，明確表達個人意見很容易被視為沒有禮貌，但也或許是因為這樣，在應該明確表達個人意見的狀況時，很多人也不會表達自己的意見。但很多人為了讓自己不要太失禮，習慣以迂迴方式說話，又容易不被當一回事。事實上，明確表達個人意願跟沒禮貌，是完全不同的兩件事。

若想避免對方不高興，又能明確表達個人意見，最佳方法就是使用「正面肯定」的說話方式。例如同事詢問：「午餐吃炸醬麵好嗎？」你如果回答：「我討厭炸醬麵。」同事可能會覺得很錯愕。但如果是說：「炸醬麵很不錯啊，但我今天更想吃定食，你覺得怎麼樣？」**採用比較正向的方式說話，就能明確表達個人意見，但不傷害到對方的感受。**

如果想用上述的方式說話，自己的意見就必須夠明確。當別人說出意見，但我們不贊同時，很容易會用「不是那樣的」等否定句型回應。如果想用肯定句回應，就必須在肯定之後明確講述自己的喜好、情感與想法。如果沒有明確的方向，只是給出模稜兩可的回答，對方就有可能無法接納你的意見，進而覺得不開心。如果你希望別人能更認真聽你說話，建議先養成習慣，把想法整理好再說出來，應該會有不小的幫助。

如果希望對方達成要求，一定要說明原因

有研究指出人在對話時，非語言的溝通占了九成。我們雖然看起來只是在聽對方講話，但其實會被對方的表情、手勢、聲音與當下的氣氛所影響。例如面對一個你沒有好感或無法信任的人，無論他說的話再怎麼正確，你都無法聽進去。

同樣地，很多時候我們會覺得人之所以不願意聽一個人講話，一定是對方的口氣有問題。所以如果你說話的口氣像孩子、容易語意不清，或有發音模糊且語速很快的問題，最好盡早改掉這些習慣。

其實，並非一定要為了調整語氣而接受專業指導，只要平時注意自己說話的樣子，就能有明顯且迅速的改善。之前我的書曾被做成有聲書，我參與了那個過程，也曾經親自朗讀數次。我才發現，要讀完一本書比想像中還困難。有了這次

的經驗後，我發現自己的發音和發聲都改善許多，之後在做 YouTube 影片時，這份經驗也派上用場。

我建議各位，試著專注聆聽自己的聲音，並試著一個字一個字，清楚地把話說出來。如果你講話常含糊不清，那聲音就要清楚到連自己聽了都會尷尬的程度，才能讓人聽起來覺得舒服。

在請託、道歉、說服他人時，也要有誠意。曾經有一次，我參加一個活動，跟韓國首屈一指的談判專家共桌。當時活動的負責人忙得焦頭爛額，但對方還是去拜託負責人做一件非常棘手的事。在我看來，那件事根本不可能做到，但他還是對素昧平生的人仔細說明自己的狀況，並希望對方能做到他的要求。我在旁邊聽著，甚至都覺得「實在沒必要講這麼細」。只是沒想到最後他成功了，而我親眼目睹他藉由「仔細說明事情」來達成個人目的的過程。

我曾在國外的心理學文章中讀到一個研究，內容是說研究人員將受試者分成兩組，一組會用「請幫我做這個，因為我想要」來拜託他人做事，另外一組則是直接用一般的說話方式請求他人幫忙，藉此用來比較哪一種說話方式較容易被接受。從受試者的說話內容來看，敘述原因其實根本沒有任何意義，但人們還是會對看起來像在解釋的話比較有反應，而且也更容易接受這種請求。

所以，如果想成為「說話比較有分量」的人，就要仔細注意上述提到的細節。如果希望訊息能好好傳達給對方，並讓對方依照自己的想法行動，就要養成好好說明原因的習慣。在職場上，與其單純交代「請在十五號之前完成並送過來」，不如改用「因為十六號活動就開始了，請一定要在十五號上午寄達」的方式來說話。

什麼是「溫柔但明確」的說話方式？

❶ 提及對方時，加上適當且明確的稱謂。
❷ 用「正面表述」的方式來表達個人意見。
❸ 注意自己的說話語氣。
❹ 誠心誠意地說明理由。

Case 10

友誼竟然得用錢來交換？

我有個一年會見兩次面的好朋友。我們都有男友，所以不太會約在週末，通常都是選擇平日在我公司附近的鬧區碰面。我是上班族，朋友是自由工作者，為了增加見面時間，才會選擇這麼做。朋友是從很遠的地方來公司附近找我，所以每次都是我請她吃飯。

問題是這件事已經持續了好多年，我們開始有點年紀，開銷也增加了。我們會去比較好的餐廳吃飯，吃飯時還會點杯紅酒來佐餐。吃飯的開銷不低，朋友卻從沒表現出要分擔的意思。當然，這對我的經濟造成一些負擔，但更重要的是，我覺得朋友好像對我有點太吝嗇了。一想到這裡，心情就變得不是很好。不知道是否該帶著這樣的心情繼續跟朋友來往。

真想知道她是不是把我當成蹭飯的對象，還是我應該要改變自己的想法？

現在我們已經是大人了，知道金錢其實代表心意。我們會為了感謝遠道而來的朋友而請對方吃飯，但也會因為對方都沒出錢而懷疑他的真心。即便心裡不是滋味，似乎也不是不能接受朋友的選擇。身為自由工作者，當然可以自由掌控時間，每次都主動到公司附近跟自己碰面，但這也不是免費的。一想到對方要付出的機會成本跟車資，就會覺得自己應該要做些讓步。

雖然我們都假裝自己不在乎金錢，但其實錢才最讓人敏感。馬基維利在被稱為「惡魔之書」的《君王論》中也曾經提到：「比起殺害自己父母的仇人，人們更無法忘記搶奪自身財產的人。」並藉此提醒君王，絕對不能對百姓的財產出手。

那麼，想讓自己不會看起來很吝嗇，又可以適當表達個人心意的界線到底在哪裡？

在建立、維持人際關係時，我們總會滿懷好意地為他人著想，毫不吝惜地花錢。因為我們一直覺得，大人的關係就是要用這種方式維持。問題是，這個標準會隨著人及所處的立場而不同。

我們大腦中的計算機，對自己蒙受的損失會更為敏感，因此很容易忽略對方所做的犧牲。有可能你覺得很公平的花費，對方卻覺得自己做了讓步、蒙受損失。你可能會想，是否乾脆平分就好？其實就連平分也可能會因為立場的關係，而讓人在情感上覺得並沒有平均分攤。

「我又沒喝酒，平分很不公平吧。」

「我只喝酒但沒吃下酒菜，平分很不公平吧。」

「我不住在市中心，每次都要大老遠跑去弘大，平分很不公平吧。」

「我在減肥，只吃了一點點，平分很不公平吧。」

站在個人的立場來看，覺得不公平的理由很多。但實際上，人生打從一開始就沒有精準的公平。因此在人際關係裡，最好能抱持體諒他人的心態，考慮自己能否多付出一些、多照顧對方一點。如果是以七比三的比例來思考，人們可能會感覺這樣比較公平，並覺得你付出的比較多。

以我的情況來說，我只會跟我想款待的對象見面。因為對我來說，時間、體力和錢一樣寶貴，所以我選擇這樣做。當我做了這個決定之後，心理上反而覺得這是一種平分的狀態。因為我想見面款待的對象，通常都不是吝嗇之人。

以投稿者的情況來看，似乎需要好好確認，是否朋友對公平的標準和自己不同，或是朋友真的過於吝嗇。就算一年只見一兩次，就算有男友，應該還是可以約在週末見面吧？如果改變見面的條件後，對方依然吝嗇，那妳也可以調整自己的心態。

「金錢就該用金錢償還。」某種程度上來說，這句話確實沒錯。其實面對越親近的人，我們反而越容易忘記這件事。有時我們會想用其他物品來代替金錢，並花費鉅資買禮物。只是花了錢、花了時間，依然有可能無法獲得對方的心。投稿者的這位朋友，說不定其實是用時間、機會成本與移動所需花費的精力，來交換投稿者所出的餐費，只是兩人並沒有對此事進行溝通。但在人際關係裡，應該要避免在沒有事先商議過的情況下，去計算彼此的花費多寡。金錢是一回事，配合他人前往特定的地點碰面是另一回事，這兩件事應該要分開來看。

假設現在你借了朋友三萬韓元（約六百五十元新台幣），朋友說隔天要還，但過了好幾天都沒還。後來你才發現，朋友認為那天邀請你到他家並做飯招待，就已經算是還清這筆債了。有些人認為這是一種等價交換，覺得這麼做理所當然，跟這種人長期相處，的確會讓人覺得很累。至於會這樣思考的人，則必須轉換一下自己的想法，才有可能維繫住任何一種形式的人際關係。**勞動力的潛在價值，並不等同於金錢。**如果想用勞動力的潛在價值來和金錢交換，不僅需要付出勞動力，也需要付出額外的金錢。因為只要沒有人願意買單，付出的勞動力就等於零元。

「今天你做給我吃的菜很美味，沒辦法用金錢計算價值，所以你跟我借的錢就不用還了。」回到上述的情況，如果借錢的那一方率先提議，借款就用一頓飯一筆勾銷，那這份好意中其實也蘊含了潛在價值的風險，因此我們不能將這兩者看成等價的交換關係。

「沒有東西能代替錢的價值，欠錢就應該還錢。」如果每個人都能這樣想，那就不需要做多餘的計算，關係也不會被影響了。

用金錢來衡量友誼，容易因認知不同而吵架

消費水準不同的人如果定期碰面，常會發生讓彼此不開心的狀況。有些人長時間待業，認為有工作的朋友花錢請客是理所當然；有些人則每次都只約吃單價高昂的高級料理，這都可能會讓人感到困擾。

如果因為消費水準差異太大而遇到困難時，我建議朋友間最好開誠布公地討論。在遇到這種問題時，很多人通常會直覺認為是對方不夠體貼或不要臉，但實際溝通後就會發現，對方有可能真的不知道你的想法。那個以為被請客是理所當然的朋友，心裡想的可能是：「每次要讓你請客，讓我覺得很過意不去，等我找到工作後，一定會回請你。」而每次只約高級餐廳的人，則可能會想：「除了這個喜好跟我相似的朋友之外，我還能找誰來這麼時髦的地方？對方應該也跟我有一樣的想法。」

很多時候我們會理所當然地認為，某些事情就該是這樣，並以此來推測他人的想法，但這大多都是錯的。如果其中又摻雜了金錢的因素，就一定要確認對方所認定的「理所當然」究竟是什麼。在人際關係裡，如果覺得朋友對錢的態度讓你感到不舒服，就一定要好好針對這點跟朋友討論。

「我最近手頭有點緊，希望以後我們可以先交一筆錢，飯錢跟酒錢就從那裡出。」

「我最近為了換房子正在存押金，未來三年每個月都只有二十萬韓元（約四千四百元新台幣）的零用錢。所以我們見面時就吃便宜的套餐吧，貴的地方要請你找別人了。」

如果朋友有意願跟你繼續來往，也能體諒你的難處，只要一封訊息就能解決你的困擾。如果沒辦法，這段緣分自然就會慢慢疏遠。

不要一個人為了消費水準的差異而煩惱，最後自己選擇放棄這段關係。

如果你覺得對方是很好的朋友，那還是盡量維持關係吧！

在送禮時，如果不是為了報答對方的恩情，挑選一般價位的禮物對人際關係比較有利。我們常會聽到身邊的人抱怨，說自己在朋友生日時，送了價值五萬韓元（約一千一百元新台幣）的禮物，結果對方卻只回送兩萬韓元（約四百四十元新台幣）的禮物，讓他覺得很難過，這也導致他們的關係出現裂痕。但如果打從一開始就不計較花費的金錢多寡，就不會發生這種傷心事。其實每個人對禮物的金額上限都不一樣，像我就是沒收到回禮也沒關係的人。而且我不太常送禮，就算送了也常忘記自己送過禮物。

事實上，在挑選禮物時也會發現，要在低價位裡找到有用處的禮物其實不容易。但在選禮物時，如果能不限制自己一定要挑有用的物品，選擇的範圍就會變大許多。

從類似的觀點來看，婚喪喜慶時的禮金或奠儀，其實也不需要勉強超出自己的能力範圍。很多人會以金錢的多寡來突顯自己與朋友的親密程度，但其實這些付出大多無法回收。因為時間一久，大家在情感上的距離會疏遠，經濟狀況也不同，金錢自然無法成為唯一的標準。如果你不在乎結果，當然也可以選擇最能表達心意的金額。不過，如果未來會因為無法等價回收而感覺遭到背叛，那最好選擇符合當時社會環境的金額，再額外加一些聊表心意就好。

過去的人們會以「互相在婚禮上幫忙」來代替包禮金，但現在已經不是這樣了。雖然現在還是會有許多人舉辦盛大的婚禮，有許多要包禮金的機會。但為孩子盛大舉辦週歲宴，邀請朋友參加的情況越來越少，需要包禮金的機會自然也就減少，這多少能看出社會對「禮金」的觀念變化。

近年來，開始有不少確定不婚者，事先取得周遭親友的理解後，在參加婚禮時支付最低額度的禮金。我甚至覺得這個時代的禮金，說不定已經可以看成是一種「維持關係的費用」。既然是維持費，最重要的就是不該過度勉強自己。與其勉強自己包一大包禮金，還不如平時在金錢或情緒上對彼此更寬容一些呢！

朋友間的金錢往來原則

❶ 認知到朋友間要完全公平，在現實上不太可行。

❷ 基本上奉行「欠錢就要還錢」的準則。

❸ 消費水準不同時，要先商量彼此出錢的方式。

❹ 在不會帶給彼此壓力的範圍內，收送禮物。

Case 11

沒人關心的生日，還要過嗎？

我是三十多歲的上班族。我很看重人際關係，一旦認定一個人屬於「我這邊」，不論婚喪喜慶等重大場合，我都會非常用心準備。我會記得對方的生日，即使無法盛大慶祝，也至少會送小禮物。但我前陣子過生日才發現，根本沒人記得這件事。我不是想像個小孩子一樣，吵著要人幫我過生日，只是這件事讓我檢視了自己的人際關係。付出沒有得到任何回報，究竟是我有問題，還是人類本來就是這樣……真不知道該用怎樣的心情去面對了。

以前就算是我過生日，我和朋友在時間上也不太能配合，再加上我不太能記得每個朋友的生日，就一直以為大家也都是這樣。不過現在透過社群平台即可查看彼此的生日，利用網路送禮也變得很容易，因此沒收到祝賀的人反倒會覺得有些空虛。但在現實生活中，其實很多人無論是面對自己還是他人的生日，都是隨便過過而已。就像投稿者所說，只有特定對象才會主動去確認，並特別幫他們過生日。但就算如此用心，也最好別期待對方未來會以同等程度的心意來回報。那些經常收到他人好意者，通常是比較能為他人著想，且不太在意付出程度的人。

我有一個朋友曾經在生日時，看著通訊軟體不停跳出的禮物通知表示：「這些都是債啦，真是開心不起來。」

小時候，友情在人生中的占比很高，所以朋友的生日就是最優先的活動。但隨著時間過去，友情在人生中的比重開始降低，慶生活動自然而然消失，其實也是成為大人的過程。

如果你想把生日當慶典來享受，不如改變心態，改成「自己幫自己過生日」怎麼樣呢？自己舉辦生日派對，邀請朋友來參加也是不錯的方法。事實上，這樣做的人通常被認為很受歡迎，會得到很多生日祝福。我們要知道，並不是每個人都能輕鬆獲得眾多祝福，或是有許多人幫忙慶祝生日。

與其等待他人幫你慶祝，不如先聲奪人

我是個想低調過生日的人，所以有段時間我把通訊軟體上的生日顯示關掉，當一個沒有生日的人，有時連我都忘了自己的生日。但一段時間之後，我反而開始覺得這樣有點孤單。因為我發現，讓家人以為我是個不需要特別照顧的人，似乎並不是理想狀態。所以後來我會在日曆上標示自己的生日，並從生日前幾天就開始告知親近的人。與其把生日看成特別重要的日子，不如以那天為藉口，找喜歡的人一起去吃美食。經過這樣的改變之後，我才擺脫伴隨著生日而來，那種讓人不太舒服的雙面情緒。

我希望你不要把生日或紀念日當成測試他人好意的日子，不要把自己的感受交付到別人手上。請不要沉浸在電影裡的驚喜派對、只講究儀式的老套模式裡。面對忙碌生活的現代人，與其讓自己期待落空，不如直接給朋友機會，邀請他們來參加以自己為主角的活動。

比起「你應該很忙吧？不要特別幫我過生日啦！」「你對我來說是很重要

的人！希望你能祝我生日快樂！」這樣的訊息反而會讓人覺得更瀟灑。了解到這點之後，人生會變得更簡單。

成年人該如何看待自己的生日？

❶ 不要期待過去送的禮物能回收。
❷ 轉換心態，自己幫自己過生日。
❸ 主動跟想一起過生日的人說：「請祝我生日快樂。」

Case 12

和朋友漸行漸遠，該如何面對？

我是一個再過幾年就要三十歲的上班族。我有一個從高中開始就很要好的朋友，她很早就結婚生子，現在是家庭主婦。我還在待業時她就生了孩子，我也一起幫她籌備孩子的週歲宴。在彼此遇到困難時，我們會互相鼓勵。但前陣子我找到工作之後，不知為何就覺得跟她好像疏遠了。我面試失敗了好幾次，最後終於被一間還不錯的公司錄取，當時我也是第一個告訴這位朋友。她是我最要好的朋友，所以我希望能最先得到她的祝福。可是朋友的反應讓我有點失望，她只說了一句「太好了」，然後就轉去講其他話題。

從那個時候開始，每一次跟她見面，她都會因為孩子生病、家裡有事、身體不舒服等理由，一直推遲我們的約定。可是我看她的社群，卻發現她都在傳一些跟其他朋友見面的照片，就算我主動跟她聯絡，她也回覆得很慢。我問她要見面怎麼這麼困難，她只回我說沒為什麼，只是最近比較忙。她會去大家的社群留言，卻都不來我這裡留言，這也讓我很在意。

我才剛進公司，要適應新環境已經很辛苦了，跟朋友的關係也讓我覺得很累。是我太敏感了嗎？我做了對不起她的事嗎？就算我直接問她，也得不到答案。這時候我該怎麼做才好？

在和他人的關係中，如果持續發生一些讓自己在意的事，很多時候都不是錯覺。況且現在的情況是投稿者詢問對方原因，對方卻給了一個「沒什麼特別的」這樣模糊的回答，而這往往代表有什麼特別的原因。如果對方在意的事情是誤會，就不會用這種回答來打模糊仗。通常會為了解開誤會，仔細說明狀況，很少會有人刻意不解釋，讓對方曲解自己的意圖。

「我不想跟妳講話，也希望妳能明確察覺到這點。」這就是投稿者的朋友真正想說的話。她想跟投稿者保持距離，而原因只有她自己知道。從投稿的內容可以推測，看到投稿者進入人生的下一階段，可能讓她覺得自卑。這位朋友可能因為家庭主婦的生活而隱約覺得悲觀，只是投稿者沒有察覺。當然，其中也可能有投稿者完全想像不到的理由。希望投稿者能知道，每個人都有可能遭遇這種事，這是人際關係的一種特性，希望妳能接受。

「來者不拒，去者不留。」這是日常生活中常聽到的一句話。愛劈腿的人會拿這句話來為自己辯護，不把跟自己說話的人放在眼裡時也會派上用場，通常被用於負面的情況。但其實很少有人知道，在《論語》、《孟子》、《荀子》等儒教經典中，類似的金玉良言也出現過很多次。這句話原本說的是對人寬容且不執著的態度。很多時候我們會發現，面對人際關係的態度，就必須要以這句經典名言為本。

我們不用基於「因為從小就是朋友」、「因為我喜歡那個人」等理由，單方面逼迫自己努力維繫關係。關係是流動的，有時即使沒有任何一方犯錯，緣分也會自然斷掉。

在許多電視劇、小說中，大多會有一個主角，而主角會有一個從小到大的好朋友，他們會一起到同一個職場上班，甚至還住在一起。連續劇的結尾都會暗示，這樣的友情會理所當然地繼續下去。跟主角像連體嬰一樣的朋友，是在構思故事情節時，為了在主要劇情中添加一些事件、讓台詞更豐富而不可或缺的裝置。這樣的設定很常見，人們也認為理所當然，但現實生活中的朋友卻不是這麼一回事。在我看來，這樣的友情就跟年輕又帥氣的財閥三代男主角一樣不現實。對友情的幻想，一如現實生活中少見的浪漫愛情。我們最好還是提醒自己，世上沒有什麼能維繫到永遠的關係。但即便如此，我們還是必須看重關係、為維持關係而努力。如果你經常失去人際關係，自然需要好好反省。但當你覺得反省得差不多了，就要了解，很多時候事情會發展成這樣並不是自己的錯。**其實只要彼此的人生走向不同，即使沒有任何人犯錯，關係也會自然疏遠。**

因為朋友曾經與你同屬一個群體，是一個比較的標準，能讓你一下子就知道自己當前的狀態。當你與朋友處在不同的環境之下，雙方自然會產生距離感。當情感上的距離與物理上的距離重疊，緣分自然就會逐漸淡去。

如果你覺得跟某人的關係大不如前，我建議你心平氣和並告訴自己：「看來現在跟他同行的那段人生已經過去了。」到了人生的下一個階段，又會有適合你的朋友在等著你，其實不用太難過。

如果關係斷裂的經驗超出了你的承受範圍，我建議你先避免說話、減少行動，試著觀察周圍的情況。這樣的經驗，通常發生在不太懂得察言觀色的人身上。但只要能好好挖掘這些人個性上的優點，他們就會成為一個更有包容性、更有趣的人。由於他們比較不會在意別人，所以工作時就能更專注、更有動力。但也因為這些人不太能直接理解、體貼他人的情緒，因此很容易在人際關係上出問題。越是這樣的人，就越需要努力增加能適度應對的關係。

這樣的人很容易在每一段關係結束時，以為自己只是犯了一次錯誤，對方就不原諒自己。**但其實關係的結束，很多時候不是源自於特定場合的特定情況，而是長時間累積下來的問題。**這也是為什麼人需要檢視自己，看看平時的言行是否有讓人感到不適的問題。

如果你覺得自己就是這種情況，那你可以試著這樣想：「讓大腦用力，把力量放在每一句話上。」

其實大腦不是一種用力就會產生肌肉的東西，這句話的意思是要你說話時專注小心。剛開始做這樣的練習時，最好盡可能減少不經大腦的言行。因為說話或動作的頻率增加，自然會變得很難控制。即使是出於好意的行為，也可能會因情況不同而使別人受傷。所以最好盡量控制自己的言行，觀望其他人在相同的情況下如何應對，這樣一來，你就能掌握住適當的態度，讓自己的待人處事更加從容。

關係本就是來來去去，平常心看待就好

當你還無法隨心所欲地以合適的態度待人時，就更需要在感覺疲累時提高警覺。事實上，人在忍耐某些不便，刻意要求自己去做某些行為時，大腦也會分泌荷爾蒙。大家所熟知的幸福荷爾蒙「血清素」，就是一種強化耐心的燃料。問題是，血清素每天都有固定的分泌量，所以能藉著意志操控態度的次數也是固定

的。在「意志電池」耗盡的狀態下，人很容易毫不掩飾地把本性展現出來。所以我建議，當你還在試著調整態度時，最好只在身心狀態佳的情況下跟朋友見面，同時也要注意見面的時間長短。

從這點來看，有些人或許會覺得，跟那些天生就懂得體貼的人相比，自己實在是活得很辛苦。但其實那些懂得體貼他人的人，也同樣過得很辛苦。因為雖然察覺他人情緒並提前因應這個過程會自動發生，但他們同樣也必須為此消耗許多精力。這也是為什麼那些風評好且受歡迎的人，會定期潛水一陣子。**因為必須完全不跟人接觸，內心才能好好恢復。**

其實無論是哪一種個性，都一定會有優點與缺點。跟曾經親近的人疏遠時，人會很容易受到打擊。但請你記得，如果你能以冷靜的態度面對，這樣反而更容易幫助你維繫人際關係。

被他人切割關係時，該如何回頭檢視自己？

❶ 轉換思考模式，提醒自己「來者不拒，去者不留」。

❷ 告訴自己，那不是我的錯。

❸ 謹言慎行。

Case 13

直來直往、不假裝，有錯嗎？

我原本是很獨立也不執著於人際關係的上班族，我覺得不要付出也不要有任何收穫比較輕鬆，所以總是與人保持距離。簡單來說，我的個性很直接，不會虛情假意地跟人來往。過去我一直把能量投資在自己身上，而不是用在人際關係上，因而沒有什麼常聯絡的朋友。但前陣子我跟公司相關部門的人大吵了一架，因為工作分配上有些不明確，所以之前由其他人負責這個職位時，對方都會幫忙處理部分的業務，但換我來接手之後，他卻不願幫忙。這件事讓我非常困擾。同事看我這麼辛苦，便勸說我改一改自己的個性，還說對方是真心為我好，說我有時會跟人發生不必要的摩擦。

我覺得自己只是用最原本的樣子待人，但大家似乎很不喜歡這

樣，也覺得我很不好相處。我真的需要改變個性嗎？個性這種東西真的能改嗎？

投稿者的描述，讓我想起一句話：「個性決定八字。」八字是源自命理學的說法，有時候我們也會用命運來形容。有時無關乎個人意志，我們會覺得自己被迫走在一條看不見的路上，且會認為這是一種不可抗力。但其實在人生這條路上，人生的樣貌終究是由人的個性決定。那些說自己命中注定沒有財運的人，大多都會因為嫌麻煩而不去學理財。說自己總是遇到壞男人的人，則有習慣忍氣吞聲的傾向。而像這位投稿者一樣不太在乎人際關係的人，則相對活得比較孤單。但其實像投稿者這種用與生俱來的個性面對人際關係時，很容易忽略一些事。

人是一種群體動物，即使特別留意，依然會相互傷害。那些絲毫不在乎他人心情，只想做好自己的事、絲毫不願意掩飾，有什麼話就說的人，在人際關係上又會怎麼樣呢？

這樣的人就算不是故意，也可能讓生命中遇到的人留下難以抹滅的傷害。被傷害到的人可能會以非常隱晦的方式報復。他們會利用自己的職權，在可能的範圍內為你帶來隱形的損失。如果你現在開始注意到自己跟他人的衝突，說不定對方許久前就因你蒙受許多損失。過去那些你以為是自己運氣不好而不順利的事情，其實很可能都是因為他人對你的不滿所致。

如果你認為修飾言行是一種虛情假意，只想當個直來直往的人，當然也就只能承受這種命運。但就算你不是這種人，也不需要委屈自己，為了活得更輕鬆一些而刻意對別人示好。即使不是為了自己，但社會上有許多人為了做好自己的本分而吃苦耐勞，你是不是也該為了他們，用親切一點的態度待人呢？

我們所說的個性，大致可分成兩個層次，分別是本性與態度。本性是天生的，無法改變，像是潛意識、喜好等，都會受到本性的影響。就像喜歡與人相處，且在熱鬧環境中獲得能量者，較不容易成為沉思型的人，而心思單純的人也不會突然變得擅長深入分析。

態度屬於個性的表層，通常我們在談論他人的個性時，講的都是態度。態度由想法和行動組成，是能夠改變的部分。所以如果你想改變自己的命運，那只要改變態度就好。

如果遵從個人主觀的想法會影響或傷害他人，就必須看重「改變態度」這件事。每個人都有一些缺點，因此不可能一輩子都不傷害到任何人。但無論是什麼事情，只要在短時間內重複發生，那問題往往都是出在自己身上。

我們在成年之後遇到的人，即使在與你相處時受到傷害或蒙受損失，也不會明確表現出來。因為人與人相處的過程中，本來就容易發生衝突，不要表現出來也顯得比較成熟。但如果因為自己而受害的人接連出現，就真的很有可能是態度造成的問題。

「是那個人太敏感了。」「是那個人太脆弱了。」如果你發現自己在人際關係中一直這樣為自己辯護，那就要當成是警訊，好好檢視自己的態度了。

依照自己的想法隨心所欲生活，遲早要付出相應的代價。能夠承受多少代價，那就是你能享受的自由範圍。**如果你只想隨心所欲經營人際關係，那些放棄人際關係後會失去的好處，你也得不在意。**

我觀察過很多不同的職場，常發現有些人雖然態度不佳，一開始卻還是能靠著個人能力和努力一路堅持下來。但進入職場的時間一長，這些態度不佳的人就會逐漸消失。那些能在社會上占有一席之地，且能維繫個人地位的人，大多都有一個共通點，就是他們能像水一樣，以包容有彈性的態度與他人相處。即使對外形象看起來強硬的知名人士，其實也都有這樣的特質。只有在少數牽扯到直接利益關係時，他們才會展現有魄力又具壓迫感的一面。唯有這樣隨時調整自己的態度，才能堅持下來，一路走到今天的位置。

找到值得效仿的對象，學習他的待人處事

之前我有一陣子常去醫院，那裡的醫師以權威和不親切聞名。但由於只有他看診該項目，所以需要的時候還是非去不可。某天我去看病，描述完症狀之後，卻因為醫師的反應讓我覺得受到侮辱，因而決定不再去該醫院看病。之後另一間

醫院也看診該項目，那裡的醫師既年輕又親切，我也就更不會去以前的醫院。就這樣過了十幾年，前陣子我出門辦事，在同一棟建築物裡看到那間醫院的招牌，為了節省時間，決定再去該院看診。我心想，已經過了這麼久，現在的我已經變得比較堅強，別人對我無禮時，我也不再不知所措。沒想到我進診間後，發現醫師變得跟以前很不一樣。過去充滿壓迫感又尖銳的態度消失得無影無蹤，醫師用溫柔的語調輕聲細語地跟我說明病情。從那之後，我又繼續去那間醫院看病了。

不知那位醫師是因為有必要，所以改變自己的態度，還是隨著時間流逝，個性自然發生了改變。但無論改變的原因是什麼，他都搬開了影響個人職業生涯發展的絆腳石，而我打從心底想替他加油。

改變態度的方法，其實就是時時提醒自己，修正自己的態度，僅此而已。這不是一蹴可幾的改變，是必須重複提醒自己採用特定的思考和言行模式，直到習慣能滲透進自己的生活。

在此，我想分享一個跟甘地有關的小故事。某天，甘地搭火車時不小心弄掉了一隻鞋，他還來不及撿時火車就開了。意識到這點後，甘地立刻把另一隻鞋也脫下來丟向窗外。旁人被他嚇了一跳，問他為什麼要這樣做，他回答：「這樣撿到我鞋子的人，才能穿到完整的一雙鞋。」

這不是單純體貼或善良的人能做出來的事。一個普通人即使心懷善念，也很難會有這種想法，就算有，可能要等火車開走好一陣子才想到。因為甘地平時就懂得體貼他人，所以才能反射性做出這樣的判斷。改變態度就需要像這樣，重複無數次類似的行為，才能讓自己下意識搶先做出反應。時間一久，即使無法如同甘地做出相同行為，但你也能配合自己的需求，成為一名好人。

如果不知道何謂理想的態度，最簡單的做法就是找一個典範來仿效。雖然要找到讓人滿意的目標並不容易，但身邊應該很容易能找到在某部分值得成為典範的人。

「我雖然不喜歡他，但他真的很值得信賴。」「同樣的一句話，由他說出來就是感覺很舒服。」依照這些值得參考的方式去改變，你就能漸漸找到自己的標準。

關於這方面，我也很建議大家多閱讀。在某些領域實現成就的人所寫的書，其實都蘊藏了他們自己的人生態度。從中找出適合自己的部分，將那些理念內化，也不失為一個好選擇。

個性不討喜，如何改變？

❶ 拋開不在乎他人觀感，只想做好自己分內之事的想法。
❷ 透過改變態度，改變外顯的性格。
❸ 持續提醒、修正自己，帶來由內而外的改變。

Case 14

世界很大，不要只在意人際關係

我有兩個在職場上認識的好朋友。以前我們三個人總是玩在一起，後來我離職自己創業，我們就變得很難找到時間見面。不知從哪天開始，約見面時只要我比較晚到，就會發現他們兩個並肩坐在一起，我得一個人坐在他們對面。通常兩個人見面的時候，都會是面對面坐吧？這種情況發生了好多次，讓我覺得好難過。但這件事實在太小了，我也不好意思去問別人的意見。是我太敏感了，才會有這種感覺嗎？

跟人相處久了，偶爾會遇到一些事情讓自己失望。有時候心裡總覺得不是滋味，但情況似乎也不是太明顯，只有自己一個人覺得有些過不去。不曉得這是暴風雨前的寧靜，還是自己不夠成熟，思緒剪不斷理還亂。投稿者所產生的感受，就屬於這一種情況。

聽完投稿者的敘述，一般人很有可能會認為「是你太敏感了」。只是同事兩個人並肩坐在一起，究竟為什麼會讓人覺得不是滋味？實在不太能感同身受。他們有可能是想讓晚來的人有比較大的空間，所以才會這樣安排座位。況且全球經歷過一場疫情，面對面坐比較容易造成飛沫傳染，可能是因為這樣，他們習慣了並肩而坐。但我想說，感受並沒有所謂的正確答案，那是無法控制的東西，只能任由它出現、等待它消失。我們唯一能控制的，是改變在感受出現之後的態度。

我覺得無論是誰，都應該要試著改變自己的態度與條件，讓自己不會在人際關係中覺得「不是滋味」。仔細想想，這是一種會徹底破壞生活品質與人際關係的情緒。所謂的不是滋味，究竟是什麼樣的感受？

「心中覺得有些缺失而感到不好受。」這是字典對「不是滋味」的定義。這不是對他人明確的憤怒或埋怨，只是覺得好像哪裡少了點什麼。由於事情實在太小，不足以生氣或抗議，卻又讓人產生了一些負面情緒。這種情況，我們通常會以不是滋味來形容。人會產生這種情緒，通常都是因為心理上覺得親近的人所致。生活中會接觸到很多不同的人，確實有很多事情都會讓人覺得不是滋味。但要是經常覺得如此，又總是無法排解，那就該反省自己了。

首先，如果經常覺得不是滋味，那就需要回頭思考，是否自己的視野比較狹隘，或是太過以自我為中心。**如果太自我，或自認為有些不足之處，那就很容易在人際關係中感到不是滋味**。當你感到不是滋味時，很多時候只要靜下心來觀察，就會發現從對方的立場來看，他很可能別無選擇。所以當人際關係出現摩擦時，我們要習慣先想想對方的立場，這樣就能讓自己舒服一點。

如果你是一個地位比較高的人，更要好好安撫這種情緒。在人際關係中，地位較高的人通常需要照顧地位較低者，這是不成文的默契。但如果被公開要求照顧地位比自己低的人，或被公開批評說沒有做到這一點，就很容易讓人因為面子掛不住而覺得有些難受。這樣鬱悶的情緒要是沒有正常排解，很容易扭曲成被動的攻擊性，進而使他人難受。

一個自我意識較弱的人，也很容易覺得不是滋味。因為這一類的人對自己的感受與判斷不夠有信心，所以比較不會選擇表達意見或平淡地讓情緒過去，而是會以「不是滋味」去詮釋「對方沒有錯，自己也沒有錯，但介在這之間有些模糊」的感受。就像投稿者一樣，看到兩個朋友坐在一起等自己，如果當下自己的心靈處在平衡的狀態，很有可能就不會多想。但如果覺得跟以前不太一樣，有一些讓你在意的事情，其實只需要直接開口詢問就好。例如：「有件事我想問一下，你們為什麼要這樣並肩坐在一起？為什麼不面對面啊？」

如果你們之間的關係夠親近，問這種問題當然沒什麼。通常只要聽到對方的回答，讓你難受的疑問往往都能迎刃而解。讓這種疑問浸泡在曖昧不明的情緒裡，可不是一種健康的做法。

如果上述事件真的是對方疏遠你的證據，你也真的明確感受到，就更需要前文所說的確認過程。因為一個足夠自信的人，通常會更明確地把負面情緒定義為「心情不好」、「讓人生氣」，而不是「不是滋味」這種模稜兩可的狀態。

不要太依賴人際關係，自然就不會太在意

此外，那些高度依賴人際關係的人，也會經常在人際關係裡覺得不是滋味。雖然人的一生都需要和他人相處往來，但其實每個人都是孤單的存在。基本上來說，我們應該要以能獨自經營個人生活為核心，並將與他人之間的善意往來視為「令人感激的額外收穫」，才是能與孤獨並存的正確之道。把注意力放在自己而不是他人身上，自然就不會對他人產生過高的期待，更不會因為在意他們的一舉一動，而讓自己覺得不是滋味。這樣的人即使親切待人，也不會太過期待獲得實質或情感上的回報。因為他們的付出不到需要得到回報的程度，他們也並不期待獲得回報。

每次我遇到一些狀況，讓我想起「忘恩負義」這幾個字時，我就會想起在卡內基書裡看到的一句話。書中說耶穌曾經為了展現神蹟，一口氣治療了十名痲瘋病患，但其中只有一個人跟祂道謝。作者講完這個小故事之後便問讀者：「你覺得自己有什麼理由得到比耶穌更好的待遇？」

人是一種了解越多越讓人失望的生物。就好像我們有時會覺得自己某些地方仍有待加強，別人也同樣會有些不足之處。**所以我們不該為人際關係付出自己的一切，還期待對方也能完美回報。**

如果你發現自己經常在人際關係裡感到不是滋味，我建議你試著拓展人際吧！因為與你建立人際關係的人數越少，你就越會依賴對方，也會對那段關係過度敏感。一旦關係遭到破壞，你便會受到難以承受的打擊，而這會使你更加執著於那段關係，進而陷入惡性循環。當你陷入這種惡性循環，便會經常覺得不是滋味。

所以無論從哪個角度來看，試著讓自己不要覺得不是滋味，或許才是保持健康心態的方法。

感覺到不是滋味時，請這樣檢視自己

❶ 是不是目光太過短淺，才會採取以自我為中心的思考？

❷ 自己是否處在很脆弱的狀態？

❸ 是否過度依賴人際關係？

Case 15

如何拿捏與朋友間的距離？

我最近一直在想，到底該對別人透露多少自己的想法？我常聽別人形容我「似乎一直跟人有隔閡」。其實跟同齡人相比，我的確賺得比較多，也算是小有資產，所以相對比較小心謹慎。但私下碰面時，我也會熱絡地跟人交談，不會刻意避談什麼話題。即便如此，大家還是覺得跟我很有距離，我在認識新朋友時也遭遇了困難。

另一方面，我也曾經在表露個人想法時遇到困難。曾經有個好朋友跟我討論子女問題，我給了對方一些發自內心的建議。因為我覺得既然朋友的教育方式有問題，那就一定要告訴他。沒想到朋友的反應卻比我預期的還要糟糕，讓我覺得自己做錯了。我覺得即使是要好的朋友，也很可能因為發自內心的幾句話導致關係受到影響。

難道無論對方怎麼做，我都應該講些好聽話嗎？保持適當距離的溝通方式，該說什麼才好？

關於這個問題，我想我的立場要堅定一點。在人與人的關係中，我建議你最好不要給出任何忠告或批評。在《卡內基溝通與人際關係》這本書中是這樣說的：「批判沒有用，只會讓對方進入防禦狀態，用盡所有的方法合理化自己。批判很危險，只會損及對方的自信，貶低對方的價值，並喚起對方的敵意。要記住，我們在與人相處時，面對的並不是講究邏輯的動物。人是情感動物，內心充滿偏見，會在自尊心與虛榮心的刺激之下展開行動。」

即使你提出的忠告是發自內心，也很難觸及對方的真心。通常這不僅無法改變任何事，更會傷害到人際關係。況且，你也不太能確定自己是對的，對方是錯的。

忠告只能在對方真心想聽，自己也看重對方時才能提出。如果對方不想聽，又因為他的情況看起來很危險而不得不提出忠告時，那就要做好可能會失去這段關係的覺悟。如果我發現自己打從心底珍惜的朋友，正在跟不太合適的人來往，我就會提出忠告。即使朋友會因為忠告而受傷，進而與我斷絕往來，我也還是會說。因為比起我們的友情，我更重視對方的安危。只在這種時候提出忠告，煩惱就會減少許多。

從這份投稿內容來看，另一個要注意的地方就是在面對別人的孩子時，除了稱讚之外，最好不要提其他的事。因為不管是誰，在面對自己的孩子時都絕對「酷」不起來。

我遇過許多在專業領域累積不少成就的名人，但即便是這些人，他們為人父母時也有截然不同的一面，有時甚至會讓我大吃一驚。所謂的父母，就是對孩子極度偏頗、極度敏感的一群人。就算自己也為人父母，但大多數人都不太能夠意識到面對孩子時，自己會比較偏頗。很多人都覺得自己對孩子很客觀，其他人都過度評價自己的孩子。因此在提出忠告時，應該避免跟孩子有關的話題。**牽扯到孩子的事不僅是忠告，就連單純的提問都可能造成傷害**。成績、大學考試、就業等，最好不要主動提及。即便只是寒暄，大家都還是有默契不去問這些問題。

此外，人們覺得跟你有距離感，其實並不是一件很糟糕的事。人本來就會在一開始設立好幾道障礙，等到覺得對方很安全、讓人放心時，再撤掉這些障礙。這個過程所需的時間，每個人都不同，若沒有認知到這一點，只想盡快撤掉障礙，反而容易出問題。

心理上的距離感在認識新朋友時，其實並不會造成太大的阻礙。反而是明明還不太熟悉，卻要快速拉近距離時，更容易產生壓力。只是在某些部分讓人感到好奇的人，更容易給人「很神祕」的印象，而不是很有距離感。

適時保留，不需全盤托出

某次聯誼會上，有一個我認識超過五年的人，他從來不會認真回答那些寒暄性質的禮貌性提問，也不會為了禮貌性的交流主動提問。例如他說他的興趣是讀書，但別人問他最近讀什麼，他卻不會回答。有人說他的衣服很好看，問他在哪裡買的，他也不會明確回答。儘管每個問題單獨來看，他不願詳細回答或許都情有可原，但面對每個問題都是這種態度時，久而久之人們便不會再主動跟他搭話。

如果是在已經有一定熟悉程度的團體裡，在分享自己的想法之餘，也還想保持距離時，我認為需要顧慮幾個重點。

首先，不要每次相處時才思考，哪些是能分享的資訊。最好事先決定哪些資訊屬於可分享的範疇，例如「只透露自己大概住在哪一區、在哪裡工作以及是否結婚」等等。先決定好願意公開的情報範圍，讓自己在對話時能自然說出這些資訊，這樣就能維持合適的應對與理想的距離。

還有一個方法就是在公開資訊時，盡可能不要講實際的數字。我曾在一本書裡看過美國主婦間不成文的默契，那就是她們或許會詳細討論跟先生之間的房事，但不會問對方的先生年薪是多少。如果親近到足以把房事當成聊天話題，那應該多少也能推測對方配偶的收入，只是她們不會去觸碰這個禁忌。在這樣的群體當中，最大的禁忌就是把這些模糊的資訊，化為精確數字拿出來分享。

向他人展現自己時，也不要提及精確的數字。像這位投稿者在面對想要親近的對象時，如果對「突顯自己在經濟上的優越地位」感到有些猶豫，那只需要在透露個人社經地位時，避免提及實際數字就好。

我的朋友中，有人在事業跟理財上都獲得成功，大家都知道他買了一棟大樓。這棟大樓的每層樓都已出租，大家都能想像租金收入非常可觀。但某天，有名惹人厭的朋友硬要問他實際的租金收入，最後那個人才透露說「每個月四千萬韓元」（約八十七萬元新台幣），在場的所有人反應都比預期還要激烈。有人說自己拚老命工作，繳完稅只剩一點點錢，感覺人生實在很空虛；有人則突然要這個朋友請吃昂貴牛肉；還有人突然叫他來投資自己。原本大家只是在猜他「應該賺不少」，但實際聽到「四千萬韓元」這個數字之後，感覺產生了巨大的差異。

此外，**如果你面對這個人得採取防禦性姿態，甚至感覺「有隔閡」時，最好還是不要執意與對方建立關係**。對投稿者來說，現在最需要的應該是不會讓自己感到格格不入，也能放心深交的團體，不是嗎？從過去認識的人當中，找到能維持關係又能同理自己的人來往，也是個不錯的選擇。這樣就不用提心吊膽，擔心自己說的話可能會讓人覺得愛炫耀，反而能用更合適的態度與人來往。

如何維持「剛剛好」的人際關係？

❶ 最好不要提供忠告或批判對方。

❷ 與他人子女有關的話題，除了稱讚之外，其他一概禁止。

❸ 避免不必要的神祕主義。

❹ 為人誠實，但提及實際數字時需特別謹慎。

❺ 試著和能坦誠相待的人來往。

Case 16

對朋友說錯話時，該如何挽回？

我是一名二十多歲的女性，前陣子我被一群朋友絕交了。我記得您曾經說過，有些人就是天生比較合得來，朋友關係也只需要順其自然發展，不必太過執著。但我的問題是，我不是第一次遭遇這種狀況了。這次是我講了一些跟朋友的父母有關的事情，沒想到會對朋友造成這麼大的傷害。因為是我的失誤，所以我想著只要真心誠意道歉，對方應該就會原諒我。於是我主動聯絡對方，沒想到對方卻說我已經不是第一次說錯話，一直以來大家都因為我這樣而受了很多傷害。

這次的事情讓我好好反省了自己，說不定以前會被人絕交也是因為經常說錯話。但當我意識到這一點之後，我就更不知道該如何跟人相處了。

關係一旦變得親近，說話就會比較放鬆，然後我也就不自覺越線。但很多時候，我都不覺得這樣說話有什麼問題。通常我一定要等話講出來，看到對方的反應之後，才會知道那是錯的。我問過身邊的人，他們反問我：「如果是妳，聽到這種話會覺得開心嗎？」但我真心覺得就算是我聽到這些話，也不會覺得怎麼樣。這麼遲鈍的我，要怎麼做才能避免說錯話，以維持人際關係呢？

因為說錯話而經常導致關係破裂時，首先該檢視的不是說話方式，而是內心真正的想法。因此妳需要問問自己：「我真的說錯話了嗎？」

人都會犯錯，大多數的人都對失誤很寬容。但一再重蹈覆轍，人們就不會覺得那是失誤。說錯話也是一樣。經常說出一些讓人心情不好的話，就代表這個人無法認清自己的立場、當下的狀況和對方的感受，說不定還隱約有些不把對方放在眼裡。

一個能好好調整說話態度的人，即使知道對方有某些缺點，也會努力不要表現出來。這樣的態度與其說是虛偽，更該說是一種對人最基本的顧慮。所以經常說錯話的人首先應該承認，自己就是不夠顧慮他人。

態度可以透過學習和修正來調整，所以只要多努力就好。如果不努力改變，就只會被疏遠，或只能跟願意包容你的人，及毫無可取之處的人來往。如果想跟人分享一段高品質的關係，自己當然也必須成為好人。同時你也必須盡快意識到自己有「雖然持續說錯話，卻始終認為自己是好人」的矛盾想法。

這世上確實有一些人無法很快意識到別人不喜歡哪些話、哪些態度。這一類的人很需要學習，也很需要經驗的累積。有時在他們熟悉良好的態度後仍會不時說錯話，所以他們必須以行為補足自己的不足。也就是說，要藉由充滿好意的行為，彌平因為說錯話而造成的關係缺口。如果你注意到身邊有說話口無遮攔，但在人際關係上毫無阻礙的人，那就代表他的作為能夠彌補自己在言語上的缺失。一般來說，這些人都有充沛的精力、充足的財富，能為周遭的人帶來實質的幫助。

之前我看過一篇搞笑的文章，是在比較年節時親戚長輩所說的話。

「你什麼時候要找工作？」

「你怎麼胖了這麼多？」

（先給大紅包再問）「你什麼時候要找工作？」

（先給大紅包再問）「你怎麼胖了這麼多？」

前面兩句話會讓人覺得，說話的人是利用長幼尊卑關係，來對晚輩說一些沒有禮貌的話。但如果是後者的情況，會讓人感覺是「長輩因為擔心我，而特別問候我的近況」。因為有給零用錢這個實際行為，所以雖然是同樣一句話，卻會讓聽的人有不同的感受。如果你希望自己能想到什麼就說什麼，還能維持良好人際關係時，就需要多體諒對方，提升體貼的質與量。只是在我們之中，有多少人能有餘力做到這一點呢？因為說錯話而造成的心靈創傷，會比我們想像中還要深。如果要用善意的協助來填補自己造成的傷口，所需要的善意也會比想像中還多。

很多說話不留情面的人，之所以會覺得「我對他那麼好，卻還是遭到背叛」，大多都是因為自己對這段關係付出的行動，並不足以完全彌補說錯話造成的缺口。所以最好的做法就是控制自己說出去的話，如果還是覺得在說話上有缺失，那就用行動去補足。

那些成功減少說錯話頻率的人，都有一個共通點——他們會減少自己說話的頻率。如果你說話不夠小心又很愛說話，自然很容易說錯話。無論面對什麼樣的情況，只要母體數增加，結果數當然也就會增加。因此話說得越多，犯錯的可能性就越高。

一旦說太多話，可能更無法注意到對方表達不快的訊號，進而讓自己說錯更多話。所謂的說錯話，其實是因為沒能掌握對方的心情所致，因此只要減少說話次數，多傾聽對方講話，自然就能減少犯錯的頻率。

另外還有個不錯的方法，就是多使用溝通時會有時間差的通訊軟體。當然，有些人可能不會同意這個觀點。畢竟近來也有不少人即使透過通訊軟體，還是會講出傷人的話。原因在於，當事人本身就不太會說話，當然也就不擅長寫訊息。況且文字化後的內容會成為紀錄，因此一個小失誤也可能成為汙點。但如果你有心帶著意識去說話，那麼透過文字溝通確實更有利。不管怎麼說，比起直接把話說出口，文字訊息還是有停下來思考、書寫的空檔。你可以觀察其他擅長人際關係者都如何說話，把他們說的話當成複習教材。

雖然邊思考邊回話會回得比較慢，但只要花時間練習寫訊息、嘗試解讀對方的訊息，就能逐漸養成讓人舒服的溝通習慣。

說錯話時，要盡快道歉

如果發現自己犯了錯，最好也能立刻點出錯誤並道歉。先不論為他人著想這件事，那些容易說錯話的人，很多都是因為表達能力不足而導致誤會。但在發現誤會之後，他們也很可能嫌麻煩而不解釋，或是對方已經被傷害而不願聽他們解釋，進而失去解釋的機會。如果你感覺對方誤會了自己的意思，當下就要確認，並立刻糾正自己的態度，這樣對溝通比較有幫助。如果不這麼做，人們就會替你貼上標籤，開始對你帶有偏見，未來就算你說的話並沒有特別含義，也很容易被往不好的方向解讀，進而使人對你產生負面觀感，這才真的讓人覺得委屈。當這樣的誤會累積到一定程度時，無論再怎麼努力解釋，人們也不太容易接受。

「我剛剛說我不喜歡紅色的衣服，你應該沒有誤會吧？我並不是看到你的衣服才這樣說，我只是想說自己不適合紅色而已。」這種說話方式也許會讓人覺得你太敏感，但如果身旁剛好有穿紅色衣服的人，與其讓對方誤以為你說這些話是在針對他，還不如敏感一些比較好。

如果不是誤會，而是真的說錯話，就應該要盡快道歉。負面情緒就像是後熟水果，當下或許沒什麼感覺，但隨著時間越久情緒會越強烈，甚至可能被誇大到超出實際情況。聽到一些讓人不高興的話語時，當下或許只會覺得像被毒針刺到一樣有些搔癢，但回家的路上就會開始不舒服，甚至讓人整晚睡不著，所以最好還是當場把話說清楚。

其實要做上述的嘗試，也需要一些勇氣，這或許會讓人很羨慕那些說話謹慎的人。不過，看在說話謹慎的人眼裡，說話時不特別過濾，想到什麼就說什麼的人反而更勇敢。因為一旦說錯話，這些人或許連開口解釋都要想很久。畢竟不管做怎樣的嘗試，最後的結果都不會比說錯話還要糟糕。

讓我們超越自我極限，成為真正的大人吧！

減少說錯話的方法

❶ 認真回想自己是否真心為他人著想。
❷ 多提供實質上的幫助，或更親切待人。
❸ 少說話。
❹ 透過文字溝通，練習好態度。
❺ 解開誤會或道歉時，都要當場完成。

Case 17

懂得看風向，不要盲目附和同事

我是一名公務員，已經來到現在的職場三年了。我工作的地方是五個人的共享空間，在那個小小的空間裡，大家會互爭主導權，也會趁對方不在時說彼此的壞話。這次我隔壁新來的同事，非常喜歡在背後嚼舌根。他在我旁邊講話時，實在無法假裝沒聽到，只好裝作很認真在聽。結果我的行為卻被以訛傳訛，辦公室裡開始出現我在附和他的傳聞，導致我現在都不想跟他說話了。

我想是因為我不擅長拒絕別人，所以才會遇到這種事。上司經常會交辦事情給我、逼我去做事，大概也是因為我不擅長拒絕吧！職場的人際關係讓我徹底喪失信心，我到底該怎麼辦才好？

除了睡覺以外，我們大多數的時間都待在職場，在職場的時間比在家還長。由於職場占據的時間太長，遇到不舒服的事情時，實在無法當成是理所當然，要求自己忍受。在職場上，如果覺得同事間的關係讓你困擾，就需要好好檢視那些在經驗老到的職場前輩眼裡，屬於基本守則的注意事項。

人跟人對話時，會討論不在場的人幾乎是一種本能。如果因為某種契機而對某人產生不滿的情緒，就會希望有人能附和自己、對此產生共鳴。這也是為什麼常有人喜歡在別人背後嚼舌根，想要尋求他人的認同。與其說這種想法很壞，不如說擅長忍受這類事情的人，在人格上才較為成熟。但在職場上，要特別注意「提及他人時的態度」。如果是私人關係，在感覺不舒服或產生不好的評價時，只需保持距離就好，有時也需要基於人情而睜一隻眼閉一隻眼。但相同的情況若發生在職場，就會讓人過得比較辛苦。

比起朋友或家人，我們花在職場上的時間更長，且職場是封閉環境，消息很快會傳出去，且容易遭到扭曲。一個人的風評一旦變差，便會難以扭轉。所以在背後講別人的事情或代為傳話，都是絕對的禁忌。甚至有可能像投稿者這樣，只是聽別人說就被講成是嚼舌根。

職場同事嚼舌根時，就算只是做做樣子，也要避免出聲附和。試著改變話題，或自然離開現場也是方法。

「是喔……話說回來，公司餐廳今天中午的菜色是什麼？」試著用這種方式轉移話題，如何呢？持續給對方這樣的反應，他也會覺得講起來很沒有意思，就不繼續講了。

另一方面，最好不要多講自己的私事，避免成為流言蜚語的主角。無論是好是壞，個人私生活在組織裡很容易遭到扭曲，進而造成負面影響。例如公司裡某一名新進員工，總是毫不避諱地說自己名下有一棟公寓，等到他要離職時，同事們都說他「上班只是興趣」，這才讓他發現，原來就算自己付出了跟別人一樣的努力，對方還是會覺得他做事不夠認真。

職場終究是必須跟人相處的環境，當然不可能完全隱藏自己，但最好盡量不要談論私生活，並事先決定好可以跟同事透露的事情。

時刻謹記職場不是交朋友的地方，這就是人際關係的基礎。我們每天會花很多時間在公司，當然會想要找一個可以互相傾訴心事、互相依靠的朋友。也許是因為這樣，確實有不少人希望能跟同事建立更深刻的關係。但我敢說，**職場絕對不是能帶著交友心態去的地方**。這是因為若要討生活，職場競爭是不可或缺的一部分，所以朋友的存在，跟維持生計的職場環境本身就是矛盾的組合。在職場上，人一定會面對難以退讓的利益與關係衝突，這樣的衝突會讓很多人「對人類感到失望」。

無論你對對方有什麼樣的感覺，職場都是個每天必須碰面交流的地方，因此必須和職場上的每個人保持一定的關係，互動時必須非常謹慎。在職場上，人際關係就是工作的一部分，這也是許多人不希望與職場同事建立私人關係的原因。請各位記得，即使你想跟職場上的某個人成為朋友，但站在對方的立場來看，那很有可能是額外卻無法有收入的工作。

當然，職場是人聚集的地方，確實會有心懷善意想跟大家更親近，甚至變成朋友的人，但那只是一個「結果」，不是我們一開始進入職場就可以期待的事。

此外，也有很多情況是你以為自己和對方已經是朋友，對方卻只認為你是職場同事。一旦發現這個事實，你當然會覺得難過。這種事情很常見，所以希望大家都能記住這一點。連續劇裡那種無論在什麼情況下，都會有一個支持自己、形影不離的職場朋友，只是一種不切實際的幻想。

在職場這個有限的空間裡，只要做好自己的事情，以適當的親切態度對待他人就好。

工作雖重要，但不足以賠上自己

「在職場上，把工作做好就是最善良的行為。」不知道各位是否聽過這句話？在一切都順利運作，仍會讓人疲憊的職場生活中，能把事情做好的人確實就是好人。但也不能因為這樣，就深深相信只要把事情做好，大家都會看到你的好。沒有適時拒絕的工作只會持續累積，從某一刻起，那些原本不屬於你的事情，就會變成你應該負擔的責任。你一開始默默忍受，等到事情超越你的極限，以至於讓你想表達自己受了委屈，那你在同事眼中就不再是個認真的人，而是凡事都太敏感，不懂得互助的人。

面對不屬於自己工作範圍內的事，你必須適時拒絕，才能避免這樣的惡性循環。你或許不太擅長拒絕，或覺得拒絕很困難，但只要持續嘗試，總有一天會熟悉。「現在的工作已經忙不過來了」、「那不屬於我的工作」等，這些都是必要的職場用語，你必須學會。

其實比起拒絕，在這裡更需要注意的是「態度」。試著想像，你去拜託同事跟你換班卻遭到拒絕。「怎麼辦？我那天有別的事，要換班有點困難。」面對以這種方式拒絕你的同事，你會有什麼感覺？如果同事是用「我為什麼要跟你換班？」的方式回答，你又會有什麼感覺？

這是我以實際發生的事情為基礎改編的情況。雖然結果同樣都是拒絕，但第二種情況中的這位同事，你肯定已經在心裡給他畫了一個大叉叉。雖然職場不是交朋友的地方，但也絕不能與人結怨。這樣的言行或許不會為你帶來立即的損失，但不為他人著想的態度一旦過度累積，便可能帶來實質的負面影響。

上班太痛苦時，離職也是選擇

在職場上，溝通時請養成不要拐彎抹角，明確表達內容的習慣。同時也要注意說話方式，避免讓自己說的話聽起來沒禮貌或有敵意。職場生活本來就不容易，而其中有一半以上的困難，是來自於人際關係。既然知道這一點，我們自然會想要忍耐，甚至還會在難過時，責怪自己的脆弱。

但是，職場也是感情聚集的地方，並不會時時刻刻都令你感到痛苦。待在職場上的多數時間，大多數都讓人覺得無感，情緒不會有任何波瀾。你只會偶爾覺得難過，然後要花幾天的時間讓自己從中走出來，大概就是這樣。有時你也會從同事身上感覺到人性的美好，有起有落，這很正常。所以如果你已經覺得每天上班都像懲罰，肯定是某個環節出了問題。

無論是什麼樣的組織，都有可能跟你非常合不來。有些組織裡會有無緣無故欺負新人的群體，有些組織則會有個性比較怪異的上司，他們手中還握有把下屬逼死的權限。也就是說，各位極有可能經常在職場上遇到無論如何努力，都無法擺脫痛苦的人際關係情況。

如果你睡覺的時候會想「希望明天地球就能滅亡，讓我不用去上班」，或在上班路上想著「希望能出車禍讓我不用去上班」，就應該要意識到這是個危險訊號。**請記得，這世上沒有任何一份工作值得你拚命忍耐，甚至把自己逼入絕境。**

如果真的遇到這種情況，首先你可以打聽看看能不能調到其他部門。如果有難度，那也需要想想能否辭掉工作。很多在職場上因人際關係而做出極端選擇的人，可能是因為他們的職場本身就有極高的進入門檻，或是屬於人人稱羨的環境，讓他們認為不能辭職。認為自己「絕對不能辭職」的念頭會不斷逼迫著你，直到你意識到危險或因為壓力而失去判斷力。

我並不是要鼓勵大家遇到一點困難就辭職，只是想告訴大家「如果真的不行，辭職也沒關係」。光是有這樣的念頭，就足以發揮支持的力量了。無論面對怎麼樣的情況，最重要的都不是「職涯」或「他人期待」，而是自己。

職場人際關係的基本原則

❶ 談論傳聞時必須要小心。

❷ 拋開要在職場上交朋友的想法。

❸ 練習親切，但能明確表達個人意見的說話方式。

❹ 告訴自己，真的受不了也可以辭職。

Case 18

一定要討好同事，才能在職場生存？

我是三十多歲的上班族，總是為職場人際關係而苦惱。雖然已經有點年紀，但因為中間有一段時間沒有工作，去年才加入現在的公司。也因為這樣，所以公司裡跟我年紀差不多的人，或年紀比我小的人都已經成為主管，我覺得他們好像不怎麼喜歡我。

我跟這些人幾乎沒有友善對話的機會，除了工作之外，他們幾乎不會主動跟我搭話。我久違地回歸職場，很希望能夠好好維持公司生活。跟同事們維持好關係也是一種工作能力，更是社會生活的一部分，所以我一直很努力。我會分送零食給大家，也會把多肉盆栽當小驚喜送給同事，也很認真稱讚別人。我已經這麼努力了，但關係好像還是沒有好轉的趨勢。我該怎麼做才能跟他們拉近距離？

投稿中說到「跟同事們維持好關係也是一種工作能力」，這句話沒錯，但要是錯誤解讀，反而會讓職場生活過得更辛苦。

在職場上，人際關係之所以重要，是因為一旦順暢，工作時就能有良好溝通，較能獲得協助。這跟投稿者所想的「希望能拉近距離」是截然不同的意思。

在我認識的人裡，有些人在公司會展現自己陰暗的一面，有些人則給同事留下強烈的負面觀感。但即便如此，這些人在跟上司或下屬進行工作上的溝通時，總是能夠說服對方。他們會讓人覺得，確實這個人在個性上不太討喜，但為了自己的利益，會希望能跟他好好相處。為了讓工作順利，他們能夠用自己的方式維持必要的人際關係。所以雖然個性不算好，但職場生活相對平靜。

在職場上只要能做好自己的事情，所需的人際關係自然會形成。面對在公司共事的人，只要維持一定的禮節，保持適當親切的態度就好。如果再多做些什麼來示好，反而會適得其反。

公司裡有形形色色的人，有些人喜歡跟他人來往、善於表達個人想法。這些人大多是天生就擅長這些，而且從小就習慣主動親近他人。至於那些不擅長經營人際關係的人，就不該輕易模仿這種人。

當然，職場也是由人組成的地方，因此並非完全沒有情感上的聯繫。只要在工作中保持良好表現，並抱持「與其刻意親近，不如選擇友善待人」的心態，逐漸就會有關係更親近的同事出現。可以將這視為人生贈與的一份禮物。

如果投稿內容中談到的距離感，是因為對你抱持較差的印象所致，那首先應該要提升自己的工作能力。**在職場上，能把事情做好讓大家都輕鬆的人，自然容易讓人抱持好感**。在職場上遇到工作能力差的新人，試圖為了拉近距離而接近自己時，的確會有不少人因為擔心受牽連，而選擇刻意保持距離。所以，無論如何都要記住，職場是大家討生活的空間，如果你因為很久沒有工作，導致難以適應職場生活，那首要之務就是盡快成為一個不需要他人幫助的人，而不是期待與同事建立良好關係，期待同事在有困難時來幫你。

如果你的工作能力提升，同事卻依然不喜歡你，那就不再是努力的問題。一個人會被喜歡還是討厭，並不是當事人努力就能改變。此外，我覺得來信中提到的那些距離感，也許是公司本身的氣氛所致。無論原因為何，當對方已經不太想與你拉近距離時，你卻過度親近或試圖送禮，反而會給對方造成負擔。

原本不喜歡的人就算做了什麼，也不會因此改變內心的看法。人的心並不是那樣運作的。有時候，我們會對某人一見如故，也可能隨著時間推移、接觸增多而變得親近，而有些人則無論如何都保持著淡淡的距離，沒有特別的原因。關係的建立來自於自己成為一個值得信賴的人，並且對他人友善，這樣自然會吸引合適的人靠近。

想在職場上建立不彆扭的人際關係，只需在溝通上努力，清楚表達自己的意見、保持親切的態度就好。如果想努力在短時間內博得他人好感，可能就要失望了，因為這些行為對人際關係沒什麼幫助。

聽了這麼多讀者對於人際關係的煩惱，我發現有一類人特別無法忍受人際關係不和諧。這類人只要發現有人不喜歡自己，就會把所有注意力集中在對方身上，進而讓自己感到痛苦。但請大家記住，這樣的態度是在消耗自己。無論是在職場還是學校，當人們因為特定目的而聚集在一起時，彼此就不可能永遠都很友好。我們需要承認在團體裡，有些人就是會看自己不順眼，當然也會有些人對自己有好感，我們只要過好自己的生活就好。

尤其職場更是如此。大家在公司相遇，目的並不是要變得多幸福，即使跟某些人相處不來，也應該告訴自己，這是有可能發生的事，只要不會仇視到想傷害對方就好。

其實從這一點就能看出人生的矛盾。那些越是無法忍受有人討厭自己、越會因為這樣而焦慮的人，其身邊的人越容易離開。因為這些人專注於負面想法，容易帶來負面情緒。如果各位屬於這種類型，與其為了經營人際關係而努力，不如先專注過好自己的人生，請多思考跟「自己」有關的問題。例如：

「該怎麼做才能更了解自己？」
「該怎麼做才能成為更棒的人？」
「該怎麼做才能讓生活品質提升？」
「該怎麼做才能活得更有趣？」

對自己提出更多問題，深入了解自己，就會自然而然地與擁有相似興趣的人產生聯繫。接受有些人關係一般、並不是所有人都能變得親近的事實，並以平和的心態與人相處，這其實是一種意外實用的人生態度。

當你在職場上感到被疏離時，如何應對？

❶ 記得，在職場能把工作做好的人就是好人。
❷ 不要為了獲取對方的好感而努力。
❸ 比起刻意親近，不如友善待人。
❹ 不必認為自己一定要跟所有人都變親近。

Case 19

不會察言觀色，很常說錯話或出包？

我從小就是人群中的「話題人物」，總是很受歡迎的我，卻在職場生活中經歷人際關係的困擾。我在上司跟同事面前經常犯錯，越是努力想有好表現，情況反而越糟糕。如果我是社會新鮮人，也許還會期待自己的狀況能隨著時間逐漸改善，但現在都已經工作超過三年了，還是沒有什麼好轉。

例如前陣子公司進來一位新同事，他在艱困的家庭環境中還能考上好大學、順利畢業，並到我們公司就職，因此我就稱讚了他。我真的覺得他很棒，可是聽其他同事說，我的稱讚好像傷害到他。家庭環境不好這件事情，是我們在喝酒時私下說的，我這樣公開講出來是一種很失禮的行為。

這種事情一而再、再而三發生，我也越來越退縮，開始對社會生活沒什麼信心了。家人說我是個很不會察言觀色的人，這種性格也是天生的嗎？還是可以學會如何察言觀色呢？

不會察言觀色這件事跟同理能力有關。因為一個缺乏同理心的人，較無法察覺到其他人的立場及心情，這些都是無法透過言語說明清楚的東西。過去十幾年來，許多跟遺傳基因和腦科學有關的研究結果，證明了同理能力確實是與生俱來。但就跟其他能力一樣，只要多用心，這部分的能力就會好轉。所以即使天生不擅長察言觀色，只要先試著觀察他人的立場、熟悉狀況的運作，就能成為善於應對進退的人。察言觀色就跟數學一樣，可以靠後天養成。

很多人從小就在不需要察言觀色的包容環境下長大，因此沒有習慣觀察周遭的人。在這種環境下長大的人，如果屬於社交開朗性格，那一直到學生時期都能跟朋友相處融洽。可是進入社會成為組織的一分子之後，狀況就不一樣了。在韓國，察言觀色在溝通裡占很高的比重，能提升效率並減少許多人事成本。如果上司說「做得差不多就交出去，然後下班吧」，那這裡的「差不多」就會隨著狀況而改變。有時可能是在暗示，這份報告不是老闆要看的，所以不需要做到最好，也可能是暗指做到有一個基本雛形就好。一般的上班族都會稍微了解狀況後，再決定「差不多」的程度應該到哪裡。但如果有個人把這句話當成「能做多少是多少」的意思來解讀，工作沒完成就下班，那會怎麼樣呢？

或許會有人責怪上司，為什麼不下達明確的指令。但在建立明確指令程序的過程中，需要花費比較多的金錢和能量。在許多屬於低語境（Low-context cultures，指交流信息主要來自於交際語言，且語言的編碼規則十分清楚且準確）文化圈的已開發國家，事情進行的速度之所以緩慢，就是因為必須要有明確指令。簡單的指示當中囊括了非常多的細節，因此無論下達還是接收指示的一方，都需要花很多時間確認。事實上，在我們平時沒有特別注意的日常訊息中，其實省略了很多不會意識到，但彼此都很清楚的共識。韓國人之所以做事很快、有效率，也是因為這種含蓄的溝通文化。但在這樣的組織文化裡，那些不會察言觀色的人，就會變成同事的壓力。像是別人做一次就能順利完成的工作，卻因為這些人必須做兩次、三次，進而變成大家的累贅。

現在韓國社會也開始要求大家，想說什麼就明確說出來，情況也確實在改變。但在關乎生計的職場上，一時之間似乎還是無法捨棄高效溝通方式帶來的效率。已經習慣高效率的人，就算在職場之外，也很容易因為對方不懂得察言觀色而覺得煩躁。

這也是為什麼我們需要察言觀色。無論在哪裡，只要進入新團體，首先應該謹言慎行並觀察別人。這樣一來，就能熟悉團體的氣氛與不成文的默契。如果真的需要在團體裡做點什麼，那就試著模仿別人。韓國文化有時會強調「棒打出頭鳥」，要求大家抹去自己的個性，這點確實也受到許多批判。但在前文說的那種情況裡，這樣的做法不只適用於韓國社會。

我曾經在網路上看過韓國人在德國工作的經驗談。他說同事都很準時下班，這點跟韓國很不一樣。因此他總是沿用在韓國的習慣，每天都留下來加班。某天同事跟他說了一句話，讓他有如當頭棒喝。

「你正在破壞我們經過漫長抗爭後，所爭取來的制度。」德國並非沒有加班制，只是他們是以分鐘為單位來計算加班費，跟韓國的概念截然不同。這篇貼文的主角如果先模仿其他同事，觀察當地公司的文化，自然就能避免上述情況發生，成為受歡迎的新成員。德國可以說是低語境文化的代表之一，因此故事的主角才會直接被同事批評，進而得到改進的機會。但無論什麼地方，都還是需要透過察言觀色來掌握合適的應對方式，差別只在於掌握速度的快慢。只要多留意環境並努力改變，任何人都能懂得察言觀色，這也是一個人的社會化過程。

此外，即使沒有惡意，人們也不喜歡不會察言觀色的人。這是因為大家知道，只要試著努力體貼他人，不善察言觀色的情況就會改善。至於那些非常不會察言觀色的人，很多都是因為不想努力。正因如此，一名願意努力的社會新鮮人，即使因為不會察言觀色而犯錯，大家也會對他比較寬容。

如果你在想「都已經是提倡個人主義的年代，把自己的事情做好即可，何必無聊去研究什麼察言觀色」，那你要做好覺悟，自己可能會因此蒙受許多損失。因為人們不會去區分你的行為，是因為不懂得察言觀色所致，還是故意為之。如果在職場上被疏遠，最難過的還是自己。

我曾經看過一份關於壓力數據化的資料。根據那份資料，在多種不同類型的壓力中，人被其他人排斥時所感受到的壓力是第一名，甚至贏過身處正在交火的戰場上。所以為了避免遭到排擠所做的努力，絕不是白費力氣。

學會察言觀色，其實是一個在腦海中累積資料的作業過程，並不需要天生的同理心。電影《雲端情人》描述一個感到孤獨的男人愛上人工智慧的過程。人工智慧雖然沒有同理能力，卻能計算所有的可能，並用儲存的答案來回應，因此能讓人感到喜悅、帶來安慰。主角清楚知道以數位訊號製作而成的「她」沒有同理能力，卻還是深陷在這段足以致命的感情中。

數位的力量不僅止於電影，前幾年開始推行專為獨居老人打造，並搭載人工智慧的玩偶。這些玩偶會提醒老人家吃藥的時間，也能成為聊天的對象。後來聽說這種只能進行簡單對話的玩偶，對老人家帶來的安慰效果超乎預期，甚至連相關人士都覺得驚訝。在這個時代，連人工智慧都能感動人心，那人呢？

如果你無論如何都無法察覺他人的臉色、讀不到情緒變化，那就把自己想成是人工智慧，學習這些資料就好。聽起來似乎很困難，其實只要能記住資料，可因應的情況就會隨著資料累積而增加。

之前我曾旁觀過廠商徵求工讀生，目的是要幫助汽車學習自動駕駛系統。在過程中，螢幕上會顯示照片，工讀生會把其中的人點出來，讓機器知道那是人類，如果有警戒線也會點出警戒線。如果人工智慧誤把樹辨識成人，就要點出來讓機器知道那是樹。站在工讀生的立場，這是一個簡單且無聊到會讓人打哈欠的工作。但這樣的工作要重複數萬次、數十萬次，才能讓機器在些微的條件改變之下，依然能正確判斷眼前的物體。這就是我們所知道的人工智慧學習法。

只要刻意練習，誰都能學會察言觀色

各位可能不太相信，其實人類比人工智慧要聰明很多，所以並不需要輸入這麼大量的資料。我們只需要輸入一種資料，就能自動推導出類似的結果，預測上百種可能的情況。可以推導出的可預測範圍越大，就代表你越會察言觀色。因此如果是因為範圍太小，導致你不太能掌握狀況，那只需要增加經驗的次數就好。善於察言觀色的人學一次，你就學五次。但這裡最重要的不是次數，而是「學習」。無論經驗再怎麼多，只要持續累積錯誤且未經修正的數值，你就會像錯誤學習的人工智慧一樣，推導出錯誤的結論。所以最重要的是提醒自己「要學習」，即使天生不善察言觀色，隨著時間一久，也能逐漸變得成熟。

在培養察言觀色的能力之前，減少在團體中的發言次數，是個不錯的選擇。人際關係中的失誤大多源自於言語，特別是開玩笑，最好一開始就決定不說任何玩笑話。當與他人相處感到尷尬時，可能會覺得用幽默來緩和氣氛是個好主意，但對不擅長察言觀色的人來說，玩笑可能會帶來嚴重後果。畢竟，玩笑最能直接反映一個人的價值觀與人格特質。

仔細想想，人們最討厭某個人的時刻，往往就是對方說出「只是開個玩笑而已」的時候。比如，當上司開玩笑說：「某某，妳穿迷你裙戴口罩，看起來好很多，以後就露腿遮臉吧。」這句話表面上是玩笑，實際上卻濃縮了物化女性、性別歧視、外貌至上、階級觀念，以及自我中心等價值觀。因此，**玩笑最能直接**

暴露說話者的思維模式，當聽者無法理解這種玩笑背後的語境時，反而會產生強烈的違和感。這正是對不善察言觀色的人來說，暫時不要開玩笑的原因。

學習察言觀色的過程中，逐步將學到的內容付諸實踐是很重要的。當理論知識透過行動轉化為實際經驗時，能在短時間內學到更多。此外，展現學習的態度與努力實踐，往往能打動他人。人們對努力改變的人通常較為寬容，因此，即使偶爾因不熟練而做出不夠圓滑的行為，也不會對人際關係造成太大的影響。

仔細聽那些稍有年資的上班族聊天內容，就會發現當他們看到新人努力模仿前輩要做點什麼，卻顯得非常生疏時，他們會覺得新人很可愛。只要持續累積如同上述的正面觀感，即便偶爾真的犯了錯，身邊的人也會包容你。

不善察言觀色者，應該帶著「多付出一些」的心態與人相處。善於觀察者，能直覺地掌握人際關係中「給予與索取」的平衡，並根據彼此的情感濃度適當地回饋。然而，缺乏這種直覺的人，往往無法精準拿捏「適度的互動」，只能依賴數量上的計算。這樣一來，他們很容易忽略自己沒察覺到的他人善意或讓步。

因此，若不善察言觀色者只抱持「我給多少，就該得到多少」的態度，就很容易在無意間對他人失禮。即便旁人能理解這並非惡意，卻還是可能被對方在心裡認定：「連這點都察覺不到的人，我還是少來往吧！」於是，這些人就會逐漸在社交圈中被邊緣化。

因此，不善察言觀色的人應該學會更慷慨、更寬容，這樣才能達到平衡。但這並不意味著要勉強自己去迎合別人，而是建議稍微擴大自己願意付出的範圍。如果你心裡有一條「可以給予的界線」，不妨將它再往外推一點點。這樣一來，當自己無意間犯了錯，周圍的人也會更願意包容，形成一個能吸收小錯誤的「緩衝區」。

「雖然剛剛有點不對勁，但他不是故意的，溝通時難免會有這種情況吧。」只有當對方願意這樣想時，人際關係才能變得更順暢。

此外，最重要的一點是「付出後就忘記它」，並且確保自己給予的程度是可以毫不介意忘掉的。因為對於不善察言觀色的人來說，若是對自己曾經的付出記得太清楚，反而會成為人際關係中的一大隱患。

如何增進察言觀色的能力？

1. 觀察他人並模仿學習。
2. 把經驗和學習當作累積數據的過程。
3. 在提升察言觀色的能力前少說話，特別是不要開玩笑，避免因內容不當產生誤解。
4. 謹慎地實踐所學，逐步應用在日常中。

Chapter 3

有些人，就是該保持距離

Case 20

容易被剝削，是我的問題嗎？

我是一個三十多歲，從事某專門職業的女性。前陣子好朋友跟我說了一些話，讓我受到很大的打擊。

她說：「妳喔，真的很容易吸引壞人。」「事情變成這樣，妳也有問題。」其實我的人際關係一直都有很多問題。像是有些朋友在結婚時，獅子大開口跟我要一百萬韓元（約兩萬兩千元新台幣）的禮金，我雖然給了，但之後就沒再跟對方聯絡。也有一些朋友不知為何總愛在背後說我的閒話。曾經有過某一任的交往對象跟我借錢，但到最後都沒還我錢，現在的男友也讓我過得很辛苦。真要我說對男友的感情，我也說不出個所以然來，我只是不想讓他離開我。一想到我們相處時他為我帶來的幸福，我就覺得自己受點損失也沒關係。

過去我只覺得自己在人際關係上「沒有福氣」，現在倒是很好奇，真的是我的問題嗎？

把他人當成工具利用，是最糟糕的行為，那些利用別人好意的人，是世上最壞的人。但如果是一個成熟的大人，應該能辨別出這些人的意圖，並懂得保護自己才對。所以如果一再受害，那就應該思考可能是自己的問題。

像投稿者所說的這種人，可以稱為「剝削者」，別人可能一輩子都遇不到，投稿者卻遇到好多個，還怪給命運，說是自己「沒有福氣」。但其實那些能好好享受人生，不會被他人剝削的人，之所以能過著太平人生，並不是因為他們這輩子都沒遇過這種人。

剝削者不會一開始就露出真面目。面對他們可能無法掌控的對象，他們自始至終都不會顯露意圖，或有可能在顯露意圖後立刻被對方甩掉。

遇到剝削者時，一般人可能會責怪自己蠢，但其實聰明人也同樣會經歷這種事。被剝削者當成目標的人，其實都有幾個共通點。

首先，他們不喜歡思考。當然，人本來就有逃避用腦的傾向，因為大腦運作需要消耗很多熱量，所以大多數人都只想為了生存做最低限度的思考，剩下的就交給習慣性的自動思考與潛意識就好。可是那些能更有意識地過生活的人，就比較不容易被這種本能影響。如果說人是習慣被支配的存在，我們就更該養成思考的習慣。

人需要思考時，就是必須做選擇的時候。聽說人一天要做的選擇超過兩百個，其中有很大一部分都已經有既定標準，因此不太需要猶豫就能自動做出選擇。例如買牛奶時，可以毫不猶豫地選擇常喝的B品牌而不是A品牌。但如果是需要反應的新狀況，就比較容易出問題。例如在聚會上認識了一些只認得臉，但不記得名字的新朋友，某天他們突然來跟你借錢，這就屬於上述的情況。這些人或許不是騙子，卻還是能毫不在意地對不熟的人提出過分請求，這類人往往都擅長讓懶得思考的人，做出對自己有利的選擇。

懶得思考通常是因為不會深入思考，才造成問題，但當事人卻總是任性地把這種態度解釋成「因為我對人沒有偏見」，才會上當受騙。但其實，對人不能太沒有偏見。人類史上有一些人文學家的思想被評價為智慧結晶，他們所主張的省思與哲學，都是經過驗證後淬鍊出的偏見。所以，如果你想讓自己很高尚、讓自己沒有偏見，其實就代表你根本沒有個人意見。

法頂僧人有句名言，要我們「不要任意結下緣分」。如果想讓一個人留在自己身邊，並讓他對自己產生影響，這樣的過程需要經過驗證，但這不是一種可計算的行為。有時候我們需要想想，是不是因為嫌這樣的過程麻煩而直接省略，才會把自己的行為合理化成「沒有偏見」。

其實那些鮮少與人來往的人，通常比較容易成為被剝削的對象。有些人或許會覺得這樣很矛盾，因為剝削是因人而起，所以減少與人接觸看似很安全，但其實並非如此。在人際關係裡，當築起心牆的人遇見願意克服困難，擠進他心裡的人，那這個人很有可能並非普通人。

活在孤立的關係裡，對剝削者來說是非常好的條件。邪教團體、非法傳銷業者、詐欺犯在挑選下手對象時，都偏好選擇人際關係較限縮的人。因為在欺騙的過程中，他們首先要做的事，就是要隔絕被害人，避免他們與他人接觸。一旦接收資訊的管道消失，被害人就會持續暴露在相似的訊息之下，這樣一來，即使訊息的內容再荒唐，當事人都會很容易接受。

投稿者提及，在日常生活中經常被朋友拜託，並逐漸對朋友的要求感到稀鬆平常，很多時候都是因為彼此的關係是處在一對一的孤立環境下，才會導致這樣的結果。當你被剝削時，許多事情對你來說會變得理所當然。唯有擺脫這種情境，才能真正看清楚事情的全貌。若這樣的經歷一再重複，你就有必要好好檢視自己所處的環境。

這就是為什麼即使不跟所有人建立親密關係，我們也需要持續透過不同管道與不同的人來往，因為這樣的人生才健康。

當對方一直在消耗你的善意時，請立即抽身

容易被剝削的人，另一個共通點是喜歡「被動的假善良」。我們在拒絕他人的請求時，必然會伴隨著情緒上的不適。這樣的不適會讓有些人誤會自己很壞，

進而因為無法忍受這種不適而做出無奈選擇。這樣的選擇通常不只會影響到自己，也會影響到他人，因此我稱這是「假善良」。我認為像投稿者這樣的人，本性其實很善良，但這類的善良，必須與「主動的真善良」有所區分。

很久以前，我認識的一個朋友因為親兄弟的事業危機，面臨相當困難的窘境。當時他的兄弟要求他去貸款一筆很大的金額，但他很了解自己的狀況，也認為那不是他一個上班族去貸款就能解決的問題。所以他自始至終都拒絕借貸的要求，已經被找去當保證人的父母、其他兄弟等，因而對他說了很多難聽話。

「你真的不是人。」「真是沒血沒淚，我要跟你斷絕關係。」即便動用了父母手足當保證人，最後他兄弟的事業還是失敗了，其他家人也背上了信用不良的罪名。一家人流落街頭後，唯一能照顧他們的，就只有我那個拒絕借貸請求的朋友。

如此說來，到底誰才是好人呢？我們需要好好思考關於「拜託」這件事。這裡所謂的拜託，指的不是商業上有來有往的互惠提議，而是常見的單方面給予。如果同學問你：「你是不是認識某某領域的人？幫我問一下他對我們公司的專案有沒有興趣，幫忙牽個線吧！」那就不是單方面的拜託。因為這能讓朋友得到額外的機會，對建立人脈也有正面影響，且也能建立起不成文的默契，讓同學知道如果他們在工作上需要你的幫助，你很願意幫助他們。這是人際往來時常見的互助合作概念。但我所說的拜託，是同學提出「我們公司真的有需要，但預算實在不夠。我們很需要某某專家，你去幫忙說服他，讓他用半價來幫忙吧」的時候。如果你接受這種要求，不僅有可能讓自己的風評變差，也可能會錯失工作機會，更無法期待獲得任何回報。

其實就算是平凡無害的人對你單方面提出請託，你也必須要非常謹慎。因為**如果有人能面不改色地拜託你去做一件讓你為難的事，那你的確需要提高警戒。**

我認為會相互拜託的人，其實都是在使用一種隱形的兌換券。一旦取得對方的信賴，就像是獲得能請託他人的兌換券。但是，如果連兌換券都還沒取得，對方就想拜託你，或是明明只有一張兌換券，卻想拜託你做很多事，表示這個人很不尋常。如果你忽視了兌換券的互惠性，總是讓只有一張兌換券的人，能肆意對你提出五、六個請求，表示你也有問題。

遺憾的是，許多人不懂得何謂良好的待遇，這類人就會是剝削者的目標。所謂好的待遇，就是跟懂得重視你、愛護你的人一起經歷的體驗。從跟父母的親情、好友的相處、戀愛經歷等關係都能看出來。容易受到剝削的人，不僅不知道該如何溫柔對待他人，更無法輕易察覺自己正在遭受不好的待遇。他們不擅長表達正向情感，因此會把付出看得很簡單，而這樣的傾向則容易跟剝削連結在一起。

如果你開始懷疑自己有這種傾向，那就應該好好檢視自己內心想被愛的渴望。愛是在為他人付出時才會啟動的感情，所以被愛的感受並不是源自於自己，而是源自於對方。如果你很重視與自己無關、屬於他人的感情，那就代表你對愛情極度匱乏。如果你內心帶著對愛的巨大缺口，非常渴望得到愛，反而會使你遠離真誠、健康的愛。如果你發現自己有這種傾向，那最好試著退後一步，練習好好珍惜自己。不要總把最好的東西留給別人，而是要用在自己身上。忙碌時擠出來的休息時間，就應該要大膽用來讓自己休息。你可以寫日記、多對自己說些溫柔的話。還有，**那些會讓你質疑自己的人，最好跟他們保持距離**。

對於已經被剝削過許多次的人來說，最負面的情緒就是自責。事發後，受害者會反過來責怪自己、折磨自己，如果你正處於這種情況，應該盡快檢視自己和身邊的人事物，並果斷結束這一切。當你能全心全意聚焦在「現在」的自己時，表示你不再需要他人的愛，能擁有充實的自我。

與剝削者保持距離的方法

❶ 結緣之前先仔細思考，是否要和對方來往。

❷ 透過不同管道跟人交流。

❸ 學會承受拒絕對方的請求時，會感受到的不適情緒。

❹ 練習珍視自己。

Case 21

如何切割關係，和朋友保持距離？

我是一個很平凡的三十多歲女性，個性算是老實，跟人相處很融洽，最近卻因為一個朋友心裡一直很不舒服，工作也受到影響。之前，包括那個朋友在內，有好多朋友一起來我家玩，我們配著茶一起享用那個朋友買來的馬卡龍，可是該名友人卻突然生氣了。她說馬卡龍是特地為了我去名店排隊買來的，我應該要冰起來自己慢慢享用才對。我想她之前應該有說是專程為我買的，但我可能為了接待客人，所以沒有聽清楚。我當場道歉，但她還是說有事要先走，便離開了。那天努力營造的融洽氣氛，瞬間就冷了下來。

雖然現在我們相處還算好，但那件事之後我就不想再跟她來往了。這是我成年之後，第一次有人這樣直接對我發火。當時感受到的驚訝跟慌張，一直在我心裡揮之不去。其實我們已經認識很久了，我也大概知道她的脾氣就是那樣，但經歷過一次這種事之後，我好像開始對她感到失望。一直以來我們都相處得很好，她也有很多優點，可是我現在就是對她產生了反感。我以後該怎麼跟她相處才好呢？

有時我們會從一些以為自己可以跟他們共度餘生的老朋友身上，感受到不曾有過且負面的陌生情緒。有時在朋友身上能獲得的溫柔感受，也會因為幾個契機而逐漸冷卻。這樣的感受我們稱之為「反感」。

當我們想把心從親近的人身上收回來時，心裡自然會產生矛盾的情緒。這個對象現在讓你產生了強烈的厭惡感，你內心埋怨，但同時這段重要的緣分卻讓你留戀。要怎麼做才能保護自己經常因對方而受傷的心，同時又能謹慎經營這段關係呢？我接下來要跟大家分享遇到這種情況時，該如何分階段維持心態。

第一階段，告訴自己可以跟對方絕交。

「這朋友已經認識十年了，要怎麼絕交？」如果你有這種死板的想法，那只會讓自己跟人際關係一起生病。其實就算雙方曾經有過美好回憶，也沒有「絕對」要維繫下去的關係。光是能這樣想，看待人際關係的態度就會有極大的轉變。轉換一下思維，你就能更客觀地看待一些不必整理的關係，也能更寬容地看待他人的失誤。因為只要知道關係總有結束的一天，我們就能以更寬容的心包容對方。當你因為人際關係而感到不舒服，很多時候只要採取第一階段的措施，就能輕鬆解決問題。

第二階段，不要直接切割，試著調整距離。

一直以來，社會所告訴我們的價值觀，都不是要你專注在個人感受上，而是要專注在如何維持一段關係上。但近來也持續有人提出主張，呼籲人其實可以不必為了維持關係而「忍讓」，這得到不少人的迴響。在討論的過程中，出現了名為「切割」的詞。切割一詞，源自股票投資公司常用的術語「割肉止損」。意思是在股價下跌時，即使承受損失也要賣掉股票，避免因價格下跌而造成過多損失的技巧。這個概念搬到人際關係上，通常是用來形容切斷跟朋友間的關係。但這個用詞其實也傳達出要靠人為方式中止一段人際關係，實際上會讓人感到為難。因為這象徵著我們把建立、維持關係所花費的時間看成「投資」，而遠離一段關係則象徵「損失」。從這個角度來看，在感受到不愉快的情緒時切斷關係，對任何人來說都不容易，有許多人狠不下心。因為我們都不是完美的人，也知道無論自己還是別人，都需要多一些機會。

世上有所謂的六度分隔理論，意指兩個毫不認識的人，只需要經過很少的中間人就能串連在一起。而在韓國這樣的社會裡，中間人會更少。這個世界很小，要跟誰明確切割其實比想像中還困難。甚至有些人會因為人際關係帶來太多痛苦，而選擇縮小生活範圍、自我孤立。因為不管怎麼想，都覺得為了不喜歡的人而忍受痛苦，實在是太不合理了。

不過，就算你要收回對一個人的好意，最好還是能跟對方維持即便在路上遇到，也能笑著打招呼的關係，因為這樣對自己比較有利。你可以試著把見面的頻率從一個月一次改為半年一次、半年一次再改為一年一次，漸漸拉開彼此的距離。這樣即便沒有跟對方徹底斷絕往來，也不用太常見面。偶爾見一次面就能繼續保持好印象，或讓對方不過度涉入自己的生活。

第三階段，等待一段時間，觀察關係的變化。

我們必須仔細傾聽自己的感受，也必須對自我坦承，但我們不能輕易斷定當下的感受會是絕對的、永遠不變的。人生在世，很多原本看似不會改變的情緒會隨著時間改變，隨之而來的各種狀況也可能朝意想不到的方向發展。況且在人際關係中，最好能留下一些轉圜的餘地。

想切割關係時，不妨先觀察對方

曾經有一位讀者告訴我，他說自己有個朋友讓他很不滿。在那群朋友之中，他們兩個關係最差，說話經常不對盤，相處起來總是很不愉快。這位讀者常想，要不是看在其他朋友的面子上，恐怕已經跟這個人絕交了。但後來這位讀者經歷了喪母之痛，這個跟他不對盤的朋友卻為他帶來莫大的安慰。當時他是第一次經歷家人去世的痛苦，哭得不知該如何是好，而這個不對盤的朋友第一時間出現，一直陪著他直到處理完家人的後事。最讓這位讀者難受的是，那些他以為很要好的朋友，在舉辦告別式時，都表示距離太遠不克前往。

經歷這件事之後，這位讀者的人際關係自然有了一些變動。原本不對盤的朋友在這個事件中，展現了不計較利害得失，願意幫助他人的一面，跟平時魯莽不討喜的模樣有天壤之別。**一個人個性上的缺點，在某些情況下會變成優點**，緣分也可能會因為這樣的契機而延續下去，這些都是我們無法事先預測的。

如果身邊能有許多交情程度不一、類型不相同的朋友，就能藉著不同的經驗填補坑坑窪窪的人生。跟某些人來往時所造成的缺陷，有時會意外地在跟其他人相處時被填補起來。一旦相處的對象改變，遭遇的狀況也可能截然不同。

結交一個敏感的朋友，能讓自己被同理、被顧慮，讓人際關係豐富多變；結交一個比較遲鈍單純的朋友，相處時則不需要太過繃緊神經，比較放鬆。

只要不是那種想慫恿他人、利用他人的壞人，人性的多變是完全能理解的。在內心做出判斷、決定與對方切割之前，最好先在內心告訴自己，冷靜下來多觀察對方不同的樣貌。

想切割人際關係時，應保有的三種心態

❶ 保留總有一天會跟對方斷絕往來的可能性。
❷ 不要草率切割一段關係，試著先保持距離就好。
❸ 花時間觀察這段關係的改變，再做決定。

Case 22

明知是有毒關係，為什麼很難斷？

我是一名正在休育嬰假的職業婦女。一天大多數的時間都跟孩子待在一起，所以跟差不多時間進入月子中心的媽媽們感情變得很好。我們的孩子月齡都差不多，可以分享一些資訊，偶爾也會聚在家裡聊天、一起照顧孩子。但最近因為其中一位媽媽，讓我覺得這個場合變得很不自在。原因不太明確，雖然我自己有很大的壓力，但也不太能跟其他人抱怨。該名媽媽沒有直接對我做什麼，只是私下讓我感覺很不好。我有胃食道逆流的問題，但在聚會上會忍著不打嗝。她在我旁邊看到這個情況，就會一直大聲說：「○○媽媽胃不舒服嗎？從剛剛開始就一直在打嗝耶，怎麼辦？」之類的話。看起來像是在擔心我，但用這種方式把我不喜歡、覺得羞於見人的地方點出來，常會讓我覺得不太舒服。她常會半開玩笑地嘲笑我，也會在群組裡面忽視我說的話。只要我在群組裡發言，她就會巧妙地轉移話題，把大家的注意力都拉到自己身上。她很親切且擅長社交，我們之間並沒發生過什麼衝突，也沒有我可能傷害到她卻不自覺的情況。

真要找什麼可能的原因，確實有一個讓我在意的地方，那就是該名媽媽有人人稱羨的美貌，而最近我瘦身成功，大家都稱讚我變美了，還要我分享瘦身祕訣。於是我成了關注的焦點，而她差不多就是從那時開始改用這種態度對我。我不想因為這樣就離開媽媽們的聚會，我該怎麼做才好呢？

這件事看起來很小，卻是投稿者必須好好判斷、決定該以什麼態度面對的情況。育嬰的環境比較封閉，且孕婦會因為荷爾蒙容易罹患產後憂鬱症。在這個時期，最重要的就是保護自己的心不受傷害。信中提到的這位媽媽朋友，看起來似乎有被動攻擊行為，而有這種傾向的人非常危險。

腦科學家跟心理學家都認為，男性與女性最不同的特徵就是攻擊性。男性帶有直接的攻擊性，女性的攻擊性則屬於防衛性攻擊。防衛性攻擊通常稱為被動攻擊行為，意思是不會直接表現出內心的攻擊性，而是會以間接迂迴的方式表達出來。

投稿者所感受到的敵對態度，應該不是妳的錯覺。在人際關係裡，確實有可能會經歷幾次源自於誤會的偶然。但如果這種偶然超過兩次，就有可能是刻意的。從妳推測的事由看來，確實能發現有些人做出了被動攻擊行為。

如果妳處在這種說不清楚，卻覺得不太舒服的環境下，最重要的就是要先釐清事情的狀況。如果某些人說的話或行為讓妳微微感到不快，妳不需要回想當時的情況，也不需要反問自己「是不是我太敏感」，妳只需要認為「是對方說話沒有深思熟慮，讓我不開心」即可。察覺到不對勁的狀況時，讓它平靜過去，是我們在面對人生中眾多問題時，保護自己不受傷的基本態度。

如果同樣的事情短時間內一再發生，那就要提醒自己「對方採取了被動攻擊行為」。只要將無法定義的事情用言語說明，就能還原當下的情況。因為只要釐清狀態，人就不會一直想從自己身上找到痛苦的原因。

人際關係中，我們會以「鬧彆扭」來形容當事人的某些態度。這樣的態度也包含在被動攻擊行為中。因為鬧彆扭是在讓對方知道，有件事讓我非常生氣，希望你能了解。所以如果你遇到一個人出現被動攻擊行為，那你就需要思考，自己是否犯了沒察覺到的錯誤。為了解開誤會，需要嘗試跟對方對話。你可以試著說：「今天你說的話讓我反省了自己，不知道我是不是做了什麼讓你生氣的事，如果有，希望能解開誤會或向你道歉。」

這時候你可以依據對方的反應，來決定自己的態度。對方可能會有下列三種反應：

❶「其實有件事讓我不太開心。」

❷「抱歉，那是我的習慣，沒想到你會因為這樣覺得難過。」

❸「你太敏感了，你沒做錯什麼，我也沒有那個意思。」

如果是第一種回應，最好的解決方式是透過深入對話，解開誤會。如果需要道歉，那就真心道歉。如果是第二種回應，就先接受對方的說法，再看看同樣的狀況是否一再發生。但如果你已道歉，對方還是不當一回事，或給出第三種回應時，就可以將這個人歸類為「有被動攻擊行為」，試著保持距離。

遠離有毒的關係，才能正向交際

其實，每個人都有做出被動攻擊行為的傾向。當我們無法直接攻擊他人時，這也是一種紓壓的方式。這麼做也是為了保護自己，避免讓自己看起來像在生氣。但是，如果一個人的被動攻擊傾向過於強烈時，等同於直接攻擊他人，非常危險。這樣的行為也可能對他人造成嚴重的心理傷害。雖然上述言行沒有被編入精神疾病手冊中，但可以看成是「反社會人格障礙」或「做作型人格障礙」，通常會跟其他人格障礙一起出現，或是被歸類於其他人格障礙造成的附加症狀。舉例來說，反社會人格或自戀型人格者，很容易把被動攻擊行為當成工具使用。

假設來信中所提到的這位媽媽，是帶有被動攻擊行為傾向的人，那就能解釋很多問題了。她是個對外表很有自信，且以此建立自我認同的人，如今卻有其他人取代她成為關注焦點，這很有可能讓她感到憤怒，並透過被動攻擊行為表達出來。

以學者對該類型障礙的定義來看，可得知有這種障礙傾向者，只會對「極少數人」展現被動攻擊行為。對不屬於攻擊目標的人來說，他們會認為對方只是普通人或好人。即便被攻擊者受不了這種曖昧不明的情況，想直接以吵架來解決時，對方也不可能真的和你爭吵，因為這類型的人不會想引發衝突。他們只會等到被攻擊的對象因為受不了而爆發，最終成為他人眼裡愛生氣的壞人。這類型的人不會抗拒，而是會假裝屈服，也習慣道歉，讓自己看起來像個好人。如果你身邊有這樣的人，或是有顯示出該障礙的傾向，確實沒有可友善相處的方法。

我曾聽過一句名言表示：「對人生來說，拋棄一個有害朋友的好處，遠大過於得到一個有益的朋友。」負面的事物會帶來更大的刺激，也會在人心中留下更深刻的印象。人類的大腦之所以一直在進化，是為了要拯救我們遠離危險，所以腦科學者主張，若想抵銷一次壞經驗，就需要三倍以上的好經驗。我則認為，成為被動攻擊行為者的目標所得到的壞經驗，就算用十倍以上的好經驗都難以稀釋。因此一旦遇到這種人，請盡快保持距離，平常多累積好經驗，才能讓自己忘記那些壞經驗。在這個過程中，即使必須跟喜歡的人斷絕聯絡，也是無可奈何的事。如果這些人真的和你有緣，關係一定會延續下去。

若一段關係讓我們經常需要為對方辯解、總是要否認自己的感受，那就有必要提高警戒。當你在人際關係中開始生病時，請鼓起勇氣，大膽離開這段關係，才能擁有好人際。

如何應對被動攻擊行為？

❶ 先判別自己遭遇的一切是否為「被動攻擊行為」。
❷ 區分對方是單純生氣，還是在進行被動攻擊行為。
❸ 無條件遠離有被動攻擊行為者，以保護自己。

Case 23

突然情緒低落、提不起勁，如何面對？

我目前三十多歲，沒有工作。大學時對人生有點迷惘，花了很多時間才畢業。畢業後雖然成功找到工作，卻無法適應職場生活。不知道是我不太擅長社交，還是工作能力不佳，換了兩份工作都遭到排擠，最後只好辭職，到現在都是無業遊民。雖然我應該再去找工作，但找不到合適的職缺，也不想再回去過地獄般的職場生活，心情真的很複雜。

可能是因為這樣，前幾天連男友都說了一些瞧不起我的話，我們吵了一架。現在聯絡不上男友，我想他應該是想趁機斷聯分手吧。現在我什麼都不想做，只是很埋怨自己，每天晚上都很希望白日不要到來。現在的我，究竟該怎麼辦才好？

一個人在人生最艱苦的時候，通常都不會相信什麼「只要撐過這段時間，情況就會好轉」之類的話。在這個時期，人不會相信能靠自己的力量解決困難、邁向下一個階段。其實在這個時候，比起解決問題，首要之務應該是專注照顧自己。

首先，投稿者需要確定這樣的無力感是不是憂鬱症所致。憂鬱症不單純只是「心情」問題，它會讓一個人的大腦、荷爾蒙及代謝出狀況，往不好的方向作用，是只靠意志力也難以康復的疾病。

憂鬱症與單純的憂鬱感不同。罹患憂鬱症時，人會持續感到無力。那種無力彷彿已經超越某個極限，讓人就算在好天氣時出門吃美食，也無法帶來任何改善。你會打從心底希望自己消失，那種感受也會讓眼淚跟嘆息無法停止。這和一般人會經歷的憂鬱感不同，你會直覺意識到「這似乎不太一樣」。

如果你懷疑自己得憂鬱症，建議要先去醫院接受治療。在身心都很健康時，你會覺得身體與心靈屬於完全不同的領域。聽到醫師把壓力當成病因的診斷結果，你可能會嗤之以鼻。但其實人的身心有著超乎想像的緊密連結，如果你的心生病了，卻不知道該怎麼辨時，先好好安慰身體，是能最快見效的方法。

如果你意識到自己狀況不佳，建議可以採取下列讓身體放鬆的做法：

✧ 如果白天已喝熱咖啡，晚上就要喝熱的香草茶。
✧ 如果因為壓力而低燒，覺得頭痛，可適量吃醫師開立的止痛藥。
✧ 腰或肩膀如果覺得痛，可接受物理治療或針灸（配合醫囑）。
✧ 在泡澡水中加入芳香精油。
✧ 透過引導影片，幫助自己放鬆冥想。
✧ 多快走及運動。
✧ 如果條件允許，可以考慮做SPA放鬆。

如果做了一兩項仍沒有好轉，建議可以試試其他選項。如此一來，身體會在不知不覺中變輕盈，心靈也跟著放鬆。因為個人體質和喜好的緣故，適合每個人的放鬆方法都不一樣。不如平時就寫下適合自己的紓壓法，在需要時使用。

當你覺得心靈疲憊時，我建議可以從簡單的選項開始做起。最簡單又最有效果的就是收納整理，讓周遭環境變舒適。打掃當然也可以，但整理的效果更好。一般說到整理，大多會想到把雜亂的物品重新排列整齊，但其實真正的整理，必定會經歷清除不必要物品的過程。不必要的物品一直占據位置，即使打掃了也不會乾淨。就算做了整理，空間也很快會變雜亂。

每個人都必須確保自己有最低限度的活動空間，空間必須越寬敞越好。因此不必要的物品若持續累積，可用空間就會減少，心理上的空間也會比較侷限。即使你是不太會買很多東西、不會囤積物品的人，也肯定每隔一段時間就會累積一些要丟的雜物。心理學家認為，**身邊的雜物越多，人就會花越多時間在雜物上，而那些雜物會下意識影響你的專注力，甚至成為壓力來源。**因此環境雜亂與否，其實並非個人喜好所致。

我也曾經是幾乎不整理的人。後來因為某個契機，讓我體會到整理的力量。有一段時間，我的生活條件變得很不好，壓力幾乎讓我喘不過氣。我從原本住的房子裡被趕出來，後來找到的租屋處，空間只有原來的一半。過去用得好好的東西，在搬到新家後把空間塞得很滿，幾乎沒有能好好活動的地方。某天，我心想不能再繼續這樣下去，便把這些東西都賣掉及處理掉。雖然覺得可惜或麻煩，但我還是強迫自己動手整理，只留下一張小沙發和一張桌子。試著清空房子之後，我才覺得自己終於能夠呼吸。有了那次經驗之後，現在只要一有壓力，我就會開始整理。

但如果想一口氣把家整理乾淨，反而會讓人覺得有壓力。據收納專家所說，有些人會覺得不一口氣把東西翻出來就不叫整理，但其實如果帶著這種想法，反而容易讓人不願開始動手。因此我會劃分空間，每次只整理一小個區塊。

「今天就整理一個抽屜吧。」下定決心之後，我會拿出一個抽屜，打開音樂然後坐下來整理。放到沒水的原子筆、好像永遠用不到的色鉛筆、已經失去黏性的便利貼、看不出上面寫什麼的便條紙等等，把這些東西一一清理後，抽屜剩下的空間就能拿來裝我喜歡的東西。

整理並不單純只是讓空間變乾淨，這其實比想像中還需要勇氣。因為要丟掉一個東西，就等於是站在選擇是否要放棄某項事物的交岔路口。在這個時候，如果能果斷決定丟掉這些曾經讓你猶豫的東西，讓自己重新享有乾淨的空間，內心便會獲得一股難以言喻的解脫感。根據我這數十年的整理經驗，清除那些讓你糾結的物品，很少會讓人後悔。丟掉那些因為留戀而留下的東西，就像是刮除內心連自己也不知道的欲望。

讓自己生活在整理好的空間，你會有一種無論面對什麼，都能重新開始的感覺。

試著轉移目標，不要只想著自己

我曾經是有憂鬱傾向的少女，後來當然也是在某個契機下，個性才有了轉變。過去我曾在偶然間加入某社團，如果要用書籍的類型來比喻那裡的氣氛，那裡就像是自我成長類書籍。成員們都用很樂觀的態度來看待世界，他們每天都會設定目標，努力生活，且會把「夢想」掛在嘴邊。而我則來自諷刺小說的世界，當時覺得這樣有些幼稚，卻又莫名地被這些人牽著鼻子走，覺得自己應該要正向一點。靜下心來觀察才發現，確實，這些人的理想、夢想，都在他們的努力之下，一點一滴實現了。在此之前，我一直以為實現夢想跟理想，根本不可能發生在我身上。一直沒有人告訴我，其實只要努力就有機會讓夢想成真。直到加入社團，我才有了跟過去不同的人生態度。

即使沒有找到人生楷模來當成努力的目標，只要特定類型的人聚集在一起，也會散發出某種能量。當你接收這種能量，就會不自覺變得跟這群人越來越像。**如果想改變人生，就要先改變身邊相處的對象。**

當你陷入低潮時，不必一定要逼自己去與人深入交流。即使不是親密交流，只要多跟帶有正向能量的人相處，就能為自己帶來力量。所以試著找一些自己有興趣的領域，參加實體活動或同好會，也是不錯的選擇。

還有當你覺得心情低落時，「對他人付出自己的好意」，意外能帶來很大的幫助。心理學大師阿德勒曾提供一個方法，能在兩週內治療憂鬱症。「一天一次，思考要怎麼做才能讓別人開心，並實踐那個想法。」這就是他所謂的終極療法。

當你為了讓別人高興而去做點什麼，你就會一心一意只想著那個人。例如，為了要替最近不知為何看起來無精打采的妹妹做點什麼，你必須要做很多假設，還要對自己提出很多問題。像是：

「妹妹喜歡辣炒年糕，要不要買那個給她吃？」

「最近玫瑰醬炒年糕很流行，不知道她會不會喜歡？」

「哪間店的玫瑰醬炒年糕最好吃？」

「什麼時候買比較好？」

當你真心想為對方做點什麼，就不得不去思考這些問題。這樣一來會帶來什麼改變呢？那就是你會比較不去思考「跟自己有關的事」，這就是阿德勒開出這個處方的關鍵。憂鬱與無力，基本上是太過深入思考自我所致。提問的這位女性也是，離職後有很多時間都是空白的，為了度過這些時間，她會經常想到跟自己有關的事。

「都這個年紀了，我在做什麼？」「我怎麼這麼糟糕？我到底會什麼？」

一整天都在想這些，只會讓心情越來越沉重。而當你開始想為身邊的人做點什麼，就能幫助你停止這樣的想法。

我也曾經在自己很難過的時期，試著讓自己對別人更親切一點。其實那有點像是我內心的某種東西斷裂之後，近乎自暴自棄的行為。我當時很討厭自己，一心只想著「不要為自己做任何事」，所以凡事都以他人為優先。但從結果來看，這樣以他人為優先的態度，反而成為鼓勵我的力量。當時常會有陌生人跟我說「祝妳好運」，我認為正是因為長期接觸陌生人的鼓勵，為我帶來了力量，才能夠拯救當時的我。

當你越是難受，就越要試著對世界親切。這些微小的實踐，說不定是拯救你的關鍵。

內心難受時的緊急處理法

❶ 確認自己是否罹患憂鬱症。

❷ 依照平時準備好的紓壓指南，試著讓身體放鬆。

❸ 整理周遭環境。

❹ 多跟善良的好人相處。

❺ 對世界更親切一點。

Case 24

發生離婚等大事時，該如何面對？

老師您好，我是二十多歲快三十歲的主婦。跟現在的老公沒有交往很久，就因為懷孕而結婚。談戀愛時，我覺得他是溫柔且一心只想著我的人，現在我們卻面臨離婚危機。後來我才知道，他的工作跟我所知的不一樣，財務狀況和家庭關係都巧妙地欺騙了我。我發現他說謊後，我們發生了很激烈的爭吵，這次我甚至還發現他外遇。雖然我有證據，但我老公還是一直否認，還說我有疑心病。

從這種狀況來看，我應該要離婚才對，但我實在拿不定主意。孩子是我最在意的部分，我並不是一個有能力的媽媽，結婚前只上過一年的班，就沒有其他經歷了。我覺得自己當時真的很不懂事，也

很埋怨我爸媽為什麼不積極阻止我。最重要的是，我實在很埋怨這樣的自己，總覺得我的人生好像毀了，我該怎麼辦才好？

人生在世，總會遇到幾次讓人不知如何是好的大事，這位投稿者現在就是這樣的狀況。我想，妳現在可能覺得只靠自己的力量，恐怕無法克服難關，很有可能像妳信件內容所說的一樣，這輩子就完了，但其實並不是這樣。**無論面對什麼樣的情況，人生都可以重啟。**

面對這看似像海嘯般巨大的人生事件時，脆弱的我們究竟能做什麼呢？

之前我曾經收到別人送的一個漂亮杯子，我非常珍惜。後來有一次身體不舒服急著吃藥，竟不小心把杯子打破了。我拖著難受的身體清理杯子的碎片，突然有一股按捺不住的煩躁湧上心頭。我發現自己下意識地碎唸：「為什麼要送我這種隨便一碰就會倒下來的杯子？我一開始就很怕打破。」說出口後，我自己也嚇了一大跳。

雖然只是一瞬間，但我居然在埋怨送我杯子的人。明明打破杯子的不是別人，就是自己。事實上，只要遇到困難，我們就很容易下意識地責怪他人。雖然身為當事人，自己需要負起最大的責任，但因為壓力大到讓人難以承擔，所以才想找一個心理上的出口，進而去怪罪他人、想辦法把責任推出去。這位投稿者也是因為這樣，才會埋怨沒有積極勸阻自己結婚的父母。但這種埋怨他人的想法，反而會成為最大的障礙，阻礙我們克服困難往前進。

如果在人生遭遇危機時會埋怨他人，甚至會將這樣的埋怨說出口，讓當事人知道，那就會和本來想幫助自己的人為敵。從現在的來信可看出，能幫助投稿者的只有父母，所以實在不能傷害到唯一的援軍，也不該跟他們發生爭吵。如果妳被防禦機制牽著鼻子走，進而去埋怨身邊的人，能幫忙者自然不會願意留下。

我們之所以要察覺並試著放下這種埋怨的心態，還有一個更重要的原因，那就是為了解決問題，我們應該把精力用在更合適的地方。人生出現意外時，本來應該全神貫注尋找解決之道，但如果只顧著埋怨，就會讓所剩無幾的精力也跟著潰散。在這樣的時期，投稿者甚至應該停止埋怨身為加害者的先生。

一直以來，我只要遇到覺得煩悶的事，就會去買相關領域的書來看。遇到事情就找書來讀，能發現一些原本以為不存在的解決辦法。我認為遭遇的問題越大，情報蒐集帶來的力量就越大。

我發現，很多人即使遇到人生中的大事，也不會用關鍵字去查找資訊。有些人生病了，覺得人生很茫然，卻不會想去加入病友社團，聽聽他人的說法、蒐集一些有用的資訊。這些不擅長因應突發狀況的人，在面對問題時總是徬徨無助，只會先和身邊的人抱怨。但世界上究竟有多少人，會願意幫助弄不清楚自身狀況的人呢？

事實上，當你對一個主題產生興趣，只要花一天的時間上網搜尋，就能得到驚人的豐富資訊。很多人會覺得，搜尋前應該要先決定一個大方向，才能得到對的情報。但其實應該是要先獲得情報，才有辦法決定方向。無論發生什麼事，要想掌握狀況就需要各方面的情報。

像投稿者的情況，應該要依照自己遇到的情況去蒐集情報。例如，蒐集能證明先生外遇的證據、若準備離婚，現在能做的事、孩子養育費的來源、財產分割或贍養費該如何處理等。這樣才能決定是要立即處理，還是要經過充分準備後再進入離婚程序。就算是做出不離婚的消極決定，這些資訊也能成為這個決定的依據及力量。

人要為自己的人生負責，如果一味向身邊的人尋求協助，對他們來說有點太沉重了。當事人應該先盡自己所能去打聽，這樣才能取得情報。

「我老公說謊還外遇，我該怎麼辦？」試想，如果朋友問你這個問題，你有辦法好好回答嗎？如果問題換成「能不能介紹會站在女性立場打官司的優秀離婚律師？」那就不太一樣了。因為這是只有認真蒐集情報者才能提出的問題，也可讓被詢問者能更輕鬆、有效地提供協助。就算沒有認識的律師，也可以幫忙一起打聽。

就算不是跟這封來信裡一樣的狀況，但還是請大家記住，在遇到大事時，情報可以提供最大的力量。

其實人生中的很多事，不是只因為一個錯誤就發生。大部分都是很多原因疊加起來，再加上運氣不好所致。雖然是自己的責任，但錯不完全在自己。有時候甚至會遇到一些根本不能說是自己犯的錯誤，但並不能因為錯不在己，就奢望有人能站出來替你解決。這終究是自己的人生，只能自己解決。如果你覺得自己沒有解決問題的能力，可以試著提醒自己：「盡我所能去做吧！」這句話可以幫助你減輕心理壓力，並帶來力量。

平凡人的能力都有極限，事情發生時不可能完美因應。這時與其茫然地讓自己感到無力，不妨告訴自己「做能力所及的事，剩下的就交給天吧」。其實就大多數的情況來看，人能力所及的範圍都很小。但從結果來看，問題通常能得到解決。發生壞事時，往往都是接二連三的壞運所致，而解決的過程，經常需要同時憑藉個人努力及運氣。有時候無論自己是否付出努力，總會出現解決方法。其實只要認真尋找，就會發現我們周圍存在許多「天助自助者」的真實案例。

就算天塌下來，日子也還在過

「在這種情況下你還吃得下飯？」這是連續劇中常聽見的台詞。聽起來像是在責怪人不該把精神放到其他地方，應該專注解決問題。但其實面對的情況越棘手，就越需要吃飯、越要準時上班、好好洗澡，而且無論如何都必須要睡覺。就算真的發生意外，影響到你的人生，也依舊要讓自己過得跟平常一樣，因為這才是保護自己的方法。人一生中可能遭遇的那些大事，大多數都無法在短時間內解決，所以為了讓自己好好堅持，我們應該竭盡所能去做能做的事，同時也別忘了顧及日常生活。

有些人會覺得面對問題時，應該要時時刻刻都在思考解決方案，才有機會解決問題。這些人會暫停日常生活，用擔心來耗損自己，因為如果不這麼做，他們就會有罪惡感。但這樣的罪惡感，其實是源自於「我沒有為了解決問題而盡全力」。

我每一次遭遇人生大事時，都會努力讓自己只在固定的時間思考解決方案。我只會讓自己在必須蒐集情報、做決定時，才會想這些事。剩下的時間就跟平常一樣，繼續過生活。我平淡的態度，甚至會讓得知我狀況的人感到好奇，為什麼我好像無所謂。

直到最近，我才知道有許多人都是和我用同樣的方法，藉此度過較艱困的時期，而我覺得這真的是不錯的做法。以前不懂人情世故時，總是會為了一些煩惱整夜自責、擔心，始終不肯放過自己，現在不禁覺得那些時間真的很可惜。

在面對人生重大事件時，我們也應該要提前設想最糟糕的情況。有些人或許會覺得，這種杞人憂天的行徑，反倒會讓自己更加不安、讓情況更糟糕，但其實並非如此。冷靜檢視狀況，並想好最糟的結果，反而能讓人在遇到狀況時更從容。

很多人在遭遇人生重大事件時，都不願意去想事情的結果。因為這個過程會帶來壓力，容易讓人擔心事情可能會變成那樣。但其實沒有形體的事情，本來就會讓人感到害怕與不安。如果能先預測最糟的結果，事情發生時，反而還能承受。

投稿者在目前的情況下，所能預測的最壞結果是什麼呢？包括：

✧ 離婚後在父母的協助下，獨力把孩子養大。

✧ 完全無法離婚，決定繼續忍耐。

只要思考最糟的結果，就會覺得現在的狀況似乎沒那麼糟。從某個角度來看，最糟的結果其實等於最好的結果，這樣反而可能會讓你更好過。我們需要克服恐懼，正視自己真正害怕的事情。只要稍微提起勇氣，你一定能做到。

因應人生重大事件的方法

❶ 盡全力蒐集情報。
❷ 告訴自己「盡自己所能做能做的事」。
❸ 只在固定時間思考那件事，藉此維持日常生活。
❹ 預先設想最壞的結果。

Case 25

家人對我進行情緒勒索

我是家中的老么，生長在一個有很多女兒的家庭。我從小就在姊姊們的情緒勒索下長大，導致我長大後只跟母親聯絡。幾年前母親被診斷出癌症末期，每次我跟她通電話，她都會這樣說：「我希望在死之前可以看到妳們姊妹和解。」

母親所剩的時間不多了，但她這樣的請求讓我覺得很心痛也很難過。因為她不要求身為加害者的姊姊們，而是來要求比較容易心軟的我。不了解情況的人都說，叫我別做會讓自己後悔的事，希望我能完成母親的願望。但是，母親到最後都無法體會我的心情，我明知道聽從母親的話可能會讓自己留下一輩子的創傷，卻還是無法不理會她。

母親生病後，我連跟姊姊們見面都覺得很吃力。不孝帶給我的罪惡感，以及埋怨自己太過愚蠢，這兩種感受每天折磨著我，我該怎麼辦才好？

很多人認為家人是無論如何都無法切割的關係，因此會覺得隨意對待家人也無妨，其實並非如此。當家人間的關係良好時，彼此可說是最親近的人，但如果讓你感到痛苦，那就會成為世上最難解的習題。

如果帶給你痛苦的人是朋友，只要立刻切斷關係就能解決問題，但如果是家人，那就不容易了。家人之間不僅難以做到物理上的分離，還會因為彼此是家人，毫不修飾地表達自己的惡意，痛苦指數反而比跟外人的衝突還要更高。

很多人都不明白，**越是親近的關係，就越要遵守不該逾越的界線**。當我們必須跟那些人因血緣而綁在一起時，究竟該怎麼辦？

首先，面對一些過往的事件，實在不需賦予太過感性的意義。就像是小說或電影裡，那些賺人熱淚的故事。如：「去世的父親最喜歡的食物是韭菜煎餅。那天，父親吃韭菜煎餅吃到一半，接到一通電話後便出門，在半路上遭遇車禍去世。自此之後，我再也無法吃韭菜煎餅。」

如果一個故事裡出現這樣的劇情描述，故事裡的人物跟讀者就會輕易接受這樣的邏輯。這樣的內容會變成伏筆，成為未來克服衝突的象徵。看到主角開始能吃韭菜煎餅之後，讀者會推測其心裡的結應該已經解開了。

然而在現實世界中，賦予一件事情特殊意義，根本不會影響我們對世界的認知。如果把類似的故事放到現實世界來看，就會發現其實很少有人會因為父親去世而無法吃韭菜煎餅。

有一次我們全家人一起出門吃飯，我本來很苦惱到底要吃什麼，後來想到之前去過的餐廳當中，有一間大家都說好吃的日本料理，於是我打算先預訂那間店。當我提起這件事時，妹妹就說：「那間餐廳在爸去世之前住的醫院附近吧？每次去醫院都一定會去那裡，媽的心情會不會受影響？」

我當時沒想太多，已經打開網頁正打算訂位，卻突然停下手上的動作。我心想，是我太不敏銳了。於是趕緊打電話給母親，問她是否願意去那間餐廳，沒想到她回我：「為什麼不行？」

仔細想想，能跟我爸臥病在床的時間連結在一起的地點、物品等，多到數不清。如果要一一賦予這些事情意義，並為此心痛，那留下來的人就真的活不下去了。我一方面覺得幸好，一方面又覺得有些哀傷，原來人無論如何都還是要過自己的生活。

人生中會有許多經歷，我們只會帶著自己選擇的、幾樣具有意義的事物走下去，剩下的會逐漸被遺忘。這位投稿者判斷母親的要求可能會成為遺言，並因此感受到壓力，這是很正常的反應。但現實中的我們不需要活得像典型的文學作品般，把「家人」、「死亡」等關鍵字看成是萬能鑰匙。就好比南北韓很難因為一個人的遺言就統一，投稿者與姊姊間的關係，也不會因為母親的想法就達到真正的和解。

「只要你改變心意，事情就能解決，連這點事都做不到嗎？」面對這種事情，很多人都會不經意講出這種話，但畢竟攸關人心，無法隨心所欲。如果母親是要求投稿者去做特定的事，說不定還比較有可能完成。例如：「想跟妳們一起拍全家福。」

如果是這種忍一下就過去、值得一試的事情，那我會建議投稿者一定要去做。但投稿者的母親所提出的要求，是要投稿者改變心意，跟姊姊們和解。在家庭中，對投稿者進行情緒勒索的人是姊姊們，卻要她在沒有得到道歉的狀況下和好，實在是強人所難。在這種情況下，我們應該避免讓自己變得太感性，只要做自己能力範圍內的事就好。

當你覺得「以家人為名」正威脅著自己的人生時，就應該改以「個人」的角度來看待事情，而不是將自己限縮在家庭中扮演的「角色」。

人會因為歸屬感而感到安心，因此就算家人會帶來痛苦，我們也無法輕易脫離。尤其以韓國來說，強調集體文化，深受家庭主義影響。雖然有不少人擔心新世代的年輕人太過強調個人主義，但從許多指標來看，我們對個人的重視程度，依然不及歐美國家。就連剛踏入社會的年輕世代，在定義自己時，還是會先聯想到自己在職場和家庭中的身分。這麼做雖然有優點，卻容易使人變得不幸。

在重視家庭的美國，也是要到一九七〇年代才能合法協議離婚。這裡我想提供一個相當有趣的統計數字，隨著美國離婚合法化之後，發生在夫妻間的命案比例顯著降低。也就是說，如果一段關係必須依靠殺死對方或被對方殺死才能解脫，那的確會有人成為犧牲品。而在另一項統計中也顯示，隨著離婚的合法化，人們對婚姻生活的滿意度也提升了。

現在我們視為理所當然的「幸福」，以及與幸福連結的「個人」這兩個概念，其實是到現代才被發明的。現代社會讓我們即使脫離基於血緣形成的共同體，也能順利生存下來，因此「個人」才逐漸被重視。離開了重視共同體更勝個人的世界之後，我們就再也無法回到從前。過去人們會理所當然地認為，為共同體付出就是人生的意義，但現代人卻會認為，自己要是過得不幸福，人生就沒有意義。我想，投稿者的母親身為戰後世代，應該自始至終都沒能意識到「個人」的存在。

身處在同一個空間，卻活在兩個不同世界的人，對世界的認知不可能會重疊。若想讓生活在完全不同世界的人們能相互接觸，雙方就必須接納彼此的世界。如果對方做不到這件事，那就要提醒自己，必要時可主動跳脫出原本的框架，如此才能以個人姿態生活下去。

拒絕不合理的勒索，以自己為優先

如果你因家人而感到痛苦，首先要做的事情就是改變想法，告訴自己「如果持續發生這種事，也可以選擇和家人斷絕關係」。就像前文提到的統計數據，顯示出有離婚的選項之後，人們對婚姻的滿意度才逐漸上升。因為血緣而連結在一起的家人，也必須意識到「任何關係都有盡頭」，才能加深彼此的感情。即便如此，每次對家人不滿時，我也不贊成你總是把「斷絕往來」掛在嘴邊。只要把自己的人生放在第一順位，把自己當成獨立的個體，其他家人也會自然意識到你是「獨立的個體」。

「在這個世界上，最重要的人是自己。」

「無論發生什麼事，都該以自我為優先。」

只要記住這兩件事，就能逐漸擺脫原生家庭帶來的痛苦與罪惡感。

雖說人要以自己為優先，但也不是一定要自私。如果你具有強烈的利他心，甚至會因為家人而感到痛苦，那麼當你全心全意只為自己而活時，也可能不會感到幸福。所以就算是為了自己，我們也應該對他人秉持最低限度的道義，而不是完全只想著自己。

近年會發展出「個人」的概念，其實也象徵「人的本能是奠基於群體及社會」。為了獲取個人利益而犧牲他人，無法讓人感到幸福。舉例來說，據說無論再凶惡的罪犯，都會認為自己其實是好人。即使罪犯多次犯下殺人罪，他們也依然會認為自己是好人、對社會有貢獻。這代表人之所以能維持自我，是因為覺得自己對社會或團體有正面作用，而這種感覺遠比我們想像的更重要。

我想，如果能找出幾件可以為家人做的事，並告訴自己，就算是為了自己，也要去完成這些事，那心裡應該會舒服些。因為這樣一來，是否要為家人做某些事，才能由自己掌控，而不是讓家人來掌控。

家人若要求你無止境地付出，任憑再努力也無法滿足。建議要制定標準、立下界線，告訴自己做到某個程度就要停止。雖然這麼做必須承受許多來自家人的埋怨，也會讓過去的付出變得像是白費力氣，但我們還是必須先做好心理準備，並堅定去執行。因為這不是為了別人好，而是為了自己好。

家人是一個人存在的根本，也是存在的意義，有時雖然會成為難以放下的負擔，但當我們突破家人帶來的限制時，往往能成就更大的成長。

當家人成為負擔時，該如何調適？

❶ 不把家庭關係比喻成悲慘的文學作品，不勉強自己一味犧牲。
❷ 把自己當成獨立的個體看待。
❸ 別忘記，做任何選擇時都要以自己為優先。
❹ 為自己該做的事努力，但付出的程度要由自己決定。

Case 26

朋友的價值觀和我不同，該放生嗎？

我有一個認識超過二十年的朋友。年輕的時候還沒什麼感覺，但最近跟她碰面時，卻經常讓我覺得很彆扭。這說起來有些籠統，就是我在某些可以稱為價值觀的部分，感覺跟她有些落差。有時候我們聊著聊著，我會覺得她說的話「好像有點太過分」。

例如，不小心出車禍時，她會刻意接受不必要的昂貴治療，藉此換取高額的賠償金，並拿這些錢去買名牌。上班請育嬰假時，也會刻意選擇會對公司及同事造成嚴重影響的做法。除此之外，還有很多雖然沒有犯法或鑽法律漏洞，但以我個人的道德標準來看，實在難以理解的事情。她說起這些事時，甚至還會沾沾自喜。

我一方面覺得每個人的生活方式跟價值觀都不同，實在很難去說誰對誰錯，但同時又覺得，要同理這樣的她對我來說實在太困難了。問題是，朋友發現我無法同理她時，卻反過來批評我同理能力很差。我究竟是該配合這個朋友，假裝能同理她，還是應該要遠離合不來的朋友呢？我實在感到很混亂。

之前我曾被一名大學生讀者詢問：「各方面都讓人滿意的人，才能和他當朋友嗎？」我當然只能說不是，因為世上並不存在這種人。所謂的朋友，反而是只有特定幾個面向讓自己滿意。**當一個人的優點大到能讓你不太在意剩下的缺點時，雙方就能維持朋友關係。**關係維持的時間一久，發現彼此的價值觀不同後，自然也會看見對方不同的一面。這時候我們就會像這位投稿者一樣，開始思考自己跟對方的關係該如何維繫。如果輕易選擇切割朋友，那要不了多久便會在人際關係中陷入孤立，而孤立並不是一件好事。獨立與孤立是不同的兩回事，跟人相處但能依照自己的意志而活叫做獨立，這種人的生活品質會比較高。但不管怎麼樣，人生都還是有一定要整理的人際關係。

當你因為覺得某人跟自己不同，心裡感到不自在時，如果不曉得該如何處理這樣的感受，就會需要能幫你決定方向的尺標。你可以試著以下列問題來問自己：「當別人看到對方和你在一起，說出『人果然是物以類聚』這句話時，你心裡會有怎樣的感受？」如果聽到這種話會讓你覺得心情很差、很委屈，那你最好遠離這個人。你不該跟會讓你感到羞愧的人當朋友。

投稿者與信中這位朋友的價值觀並不是不同，而是投稿者認為對方有錯。其實在日常生活中，我們很難完全避免對他人造成危害。以信中提到的例子來說，盡可能導向對自己有利的情況也很常見。但鑽法律漏洞或使用旁門左道，卻還拿出來炫耀，並要求對方要能對這種事產生共鳴，就已經不屬於一般人的道德觀念了。當你和對方擁有相似的價值觀時，兩個人才可能成為朋友。

首先，如果跟道德觀念低落的人當朋友，自己的評價也會跟著變差。如果一個人跟別人發生利益衝突時，會比較偏袒自己，那即使與他發生衝突的人是親近的對象，雙方也很容易有爭執。投稿者說朋友用最能對同事造成負面影響的方式請育嬰假，我想這個人在公司的評價肯定很糟。如果她在職場上的同事，經由任何一種方式與她私下的人脈有接觸，她就有可能在連自己也不知道的情況下，失去某些好機會或被排除在機會之外。這種事情我親眼目睹過許多次。

事實上，比起被誤會成如同上述般的人，更可怕的其實是在生活中被潛移默化，逐漸變成那樣的人。因為人會逐漸跟自己合得來的對象越來越相似。投稿者會覺得信中這個朋友，在倫理道德的層面讓自己感到不舒服，也是因為認知不協調所致。對方拿這種不合道德倫理的行為來炫耀，這種態度跟投稿者的價值觀有所衝突，因而使投稿者感到混亂，卻又無法表達出自己真實的想法。在這種狀態下，人的大腦會承受極大的壓力，因此當同樣的事情一再重複，人會開始配合不合理的狀況來調整自我的認知。換句話說，跟這個朋友的互動時間越久，投稿者就會逐漸跟她越像。

若要解決這種認知不協調的狀況，方法有兩種。一是停止跟該朋友的互動，以改變這個現象，或選擇跟朋友的道德觀同化，進而改變自己的認知。要選擇哪一邊就看個人，但如果是我，應該會選擇改變這個現象。

當我們在討論「應該避開什麼樣的朋友」時，經常會提及某些特定的態度，其中一個是「隨意對待弱者的人」。我認為這個篩選標準一直都很有效，能溫柔對待動物、孩子、服務人員等族群者，雖不能說絕對是好人，但對這些族群太過苛責時，就極有可能不是一個好人。雖說好聲好氣對待這些族群，或許是因為過度在意他人目光而刻意假裝親切，但若連他人目光都絲毫不在意，能在眾目睽睽之下苛責這些弱者，那才是最可怕的。從同樣的脈絡來看，如果你的朋友中，有些人會以隨便的態度去對待被團體排擠、性格較為弱勢者，那當你成為團體中的弱勢時，他們往往是最有可能對你做出殘酷行為的人。

最近我看了一齣以校園霸凌為題材的連續劇，裡面的加害者直到成年後都還繼續往來，這讓我覺得很有趣。該團體的成員都會欺負弱者，而在團體之中，他們的地位又有高低之分。這群人必須承認這樣的地位差異，這段關係才有可能維持下去，這樣的人際關係就像野生的叢林。你可能會想，這種充斥弱肉強食與背叛的人際關係，是否真的會在現實中發生，但對那些會任意以暴力態度對待弱者的人來說，這確實很有可能成立。

當人被問到「什麼樣的人適合當朋友」時，我常看到有人回答說要找一個

「會對我好的人」。從某個角度來看，這或許是理所當然的答案，但我覺得這樣的想法很危險。因為那些對別人殘酷的人，對自己往往也會很殘酷。

尤其是某些人，他們對每件事情都持負面態度，雖然沒有惡意，卻會對身邊的人造成巨大的負面影響，我稱呼這類人為「善心的惡魔」。他們可能會講出的話包括：

「這個世界真不公平，努力也沒什麼用。」
「居然生在這麼糟糕的國家，真希望國家完蛋。」
「事情這樣也行不通、那樣也行不通。」
「那個人這樣好討厭，這個人的這個做法真的很不討喜。」

一個人的天性再怎麼善良，只要長時間跟這些以負面角度看世界、對什麼事情都看不順眼的人走得太近，便會覺得自己好像真的活在一個凡事都不順心的憂鬱世界裡。

我們所生活的世界摻雜著許多不同的要素，因此無法用一個唯一的價值來定義。這個世界並不完全冷酷，也不完全充滿夢想與希望，所以我們會以自己選擇的角度來看世界，而這樣的角度決定了生活的品質。

雖說帶有憂鬱情緒時，能刺激人在藝術上創作，但為了提升生活品質，應該盡量避免感受到憂鬱。如果你經常跟很負面的人來往，我想不只是相處，就連平時的生活也可能充斥憂鬱及負面感受。正面情緒其實很脆弱，必須努力營造才有可能維繫下去；負面情感卻十分強大，即使不用努力，也能輕易傳播。因此當你身邊的人都很憂鬱、負面時，你便很難獨自維持正向樂觀的心態。這也是為什麼我們必須多跟努力看見世界美好之處的人來往。

「我想用自己的樂觀，來蓋過那個人的悲觀。」如果你有這樣的決心，我倒想站在反面的立場勸阻你。如果你真的想改變某個重要的人，首先要做的是拉開跟對方的距離，先讓自己培養出更強大的正能量後，再回頭來改變對方。屆時如果能展現出顯著成果，那就更好了。例如藉由正能量實現經濟上的穩定、獲得渴望的職業、維持身體健康等等。這些結果即便由普通人來看，也會覺得是正向的好結果。如此一來，這些結果會成為一種依據，能讓你用來說服對方應該保持正能量，並堅持自己的想法。

哪些人一定要遠離？

❶ 有著特定的道德觀，讓你不希望和他被歸類為同一類的人。

❷ 對待弱者很殘酷的人。

❸ 負面思考的人。

心靈漫步

有些關係，再善良也不必留

擺爛同事、有毒情人、自私朋友……，不必迎合他人的26個練習

2025年8月初版　　定價：新臺幣360元

著者	南仁淑
譯者	陳品芳
副總編輯	陳永芬
校對	陳佩伶
內文排版	吳郁嫻
封面設計	Dinner Illustration

出版者	聯經出版事業股份有限公司
地址	新北市汐止區大同路一段369號1樓
叢書主編電話	(02)86925588轉5306
台北聯經書房	台北市新生南路三段94號
電話	(02)23620308
郵政劃撥帳戶第	0100559-3號
郵撥電話	(02)23620308
印刷者	文聯彩色製版印刷有限公司
總經銷	聯合發行股份有限公司
發行所	新北市新店區寶橋路235巷6弄6號2樓
電話	(02)29178022

總務編監	陳逸華
副總經理	王聰威
總經理	陳芝宇
社長	羅國俊
發行人	林載爵

行政院新聞局出版事業登記證局版臺業字第0130號

本書如有缺頁，破損，倒裝請寄回台北聯經書房更換。　ISBN 978-957-08-7742-7 (平裝)
聯經網址：www.linkingbooks.com.tw
電子信箱：linking@udngroup.com

남인숙의 어른수업 : 여전히 관계가 어려운 당신을 위한 심리 에세이

國家圖書館出版品預行編目資料

有些關係，再善良也不必留：擺爛同事、有毒情人、自私朋友……，不必迎合他人的26個練習/南仁淑著．陳品芳譯．初版．新北市．聯經．2025年8月．224面．14.8×21公分（心靈漫步）
ISBN　978-957-08-7742-7（平裝）

1.CST：人際關係

177.3　　114008812